스웨덴에서 보낸 여름

김승래 지음

Summer Holiday in Sweden

스웨덴에서 보낸 여름

행복우물

Content

01. 심심한 나라의 이방인	*09*
02. 내 쿼리도 메이트	*13*
03. 나이 어려서 부럽다!	*18*
04. 스웨덴어는 가래떡을 잡아늘리듯 말해야해	*22*
05. 앉으면 평생 졸업 못하는 의자	*24*
06. 누가 버섯을 마트에서 사 먹어?	*28*
07. 한글날	*32*
08. 발꼬랑내 나는 물고기와 피로 만든 푸딩	*35*
09. 아닌 밤중에 총소리	*39*
10. 낮고 느린 마을버스	*44*
11. 유럽친구들도 필기는 열심히 한다.	*46*
12. 이케아에 갔다가 미트볼만 먹고 오지요	*49*
13. 음치 음대생	*51*
14. 집 앞에서 노벨평화상 강연 듣기	*56*
15. 화장실 가는 거 불편하지 않으세요?	*59*
16. 정원 같은 방을 가진 사람들	*64*
17. 정원과 밤	*68*

18.	미즈키 사부님께 큰 가르침을 받다.	71
19.	그곳에 오로라는 없었지만,	75
20.	술에 취한 봄날	78
21.	세상에서 제일 행복한 졸업식	81
22.	수업을 드랍하자 염소가 말한다.	85
23.	봄학기가 끝나고	89
24.	왕주먹만한 달팽이가 기어다닌다…	95
25.	스웨덴 속의 작은 인도	97
26.	배워도 배워도 끝이 없는 영어	100
27.	여름을 이대로 다 보내버릴 수는 없어	104
28.	만약 내가 스웨덴에서 바텐더를 한다면	108
29.	한밤중에 바이킹무덤 산책	113
30.	묻지마 니하오를 아십니까?	117
31.	수잔 브링크의 아리랑을 기억하세요?	122
32.	무엇이 무엇이 똑같을까	127
33.	없는 것보단 낫지만…	131
34.	도둑맞은 한 시간	136
35.	크리스마스 선물	140
36.	스웨덴 중고거래사기	144
37.	처음이자 마지막 플록스타 스크림	149
38.	긴 꿈을 꾸고 돌아온 것 같아	153

Episode

Ep.1 바다가 숨 쉬는 소리　　　　　　　　　　160
Ep.2 숨겨둔 애인은 없지만　　　　　　　　　165
Ep.3 유대인 가족들과의 저녁식사　　　　　　167
Ep.4 이스탄불의 진정한 주인은 개일까 고양이일까?　176
Ep.5 포격의 상흔 위로 핀 꽃　　　　　　　　180
Ep.6 말러의 음악은 여전히 따뜻하다.　　　　184
Ep.7 프라하에서 가장 싼 도미토리　　　　　　189
Ep.8 작전명 : 플라밍고를 찾아라!　　　　　　193

I.

심심한 나라의 이방인

서울에서 파리를 경유해 스톡홀름에 도착한 것은 늦은 밤이었다. 공항 안에 있는 가게는 모두 문을 닫았고 공기는 적막했다. 여전히 실감이 나지 않았다.

정말 스웨덴에 온건가?

삶의 한 페이지가 어떻게 채워질까 들뜬 마음으로 잠자리에 들었다.

다음 날 아침에 다시 찾은 알란다 공항은 전날 저녁과는 달리 북적이는 사람들로 활기가 가득했다. 그중에는 캐리어를 끌고 이동하는 한 무리의 학생들도 보였다. 혹시 교환학생을 온 것은 아닐까 싶어서 슬긋 쳐다봤다. 그런데 그 친구들도 힐끔힐끔 내쪽을 쳐다보는 것이었다.

"혹시…"

양 손으로 큰 캐리어의 손잡이를 쥐고 바삐 걸어가는 학생 중 한 명에게 다가갔다. 하지만 끝내 말이 나오지 못했다. "혹시 너도 웁살라로 교환학생 온거야?"라고 물어보았으면 되었을 것을, 그 간단한 질문을 하지 못했다. 웰컴부스에서 환한 미소로 나를 반긴 선생님은 "방금 막 한 팀이 떠났는데!!"라고 일러주었다. 망설이지 않았으면 좋았겠다는 아쉬움에 잠겨있었다.

그때 누군가 내게 말을 먼저 걸었다.

단발머리에 단정한 옷을 입고있었다. 이름을 물어보니 치에라고 했다. 혹시 한국사람이 아닐까 싶었는데 이름을 듣고 단번에 일본사람이라는 것을 알게되었다. 우리 두 사람 모두 영어가 유창하지는 않아서 깊은 대화를 나누는 것은 힘들었다. 하지만 느낌으로 소통의 빈 구멍들을 메꾸어나갔다. 나는 음악가 류이치 사카모토를 좋아한다는 얘기도 했고 예전에 재밌게 읽었던 엔도 슈사쿠의 "깊은 강"이라는 책 얘기도 했다. 치에는 젊은 사람이 엔도 슈사쿠를 안다는 게 참 신기하다며 웃었다.

얘기를 나누다 보니 버스는 어느샌가 목적지인 웁살라에 도착해 있었다. 그런데 웁살라는 기대하던 모습과는 전혀 다른 분위기로 우리를 맞이하고 있었다. 우중충한 하늘에 비까지 내려서 그런지 무척 침울했다. 게다가 길가에 늘어선 건물은 층수가 낮고 색깔도 밋밋했다. 흰쌀밥에 콩나물을 얹어먹는 기분? 도통 튀는 구석을 찾을 수 없었다. 문득 불길한 생각이 스쳐 지나갔다.

"이렇게 심심한 도시에서 교환학기를 보내야 한다고?"

하지만 이미 주사위는 던져졌고 나는 비타민 주사라도 맞고 온 것을 다행으로 생각했다.

2.

내 쿼리도 메이트

플록스타는 12개의 방과 공용 주방으로 된 복도형 기숙사다. 같은 복도에 사는 사람들을 '쿼리도 메이트'(corridor mate)라고 불렀는데, 내 쿼리도 메이트들에 대해서 얘기해 보고자 한다.

가장 먼저 가까워진 것은 야드네쉬와 바룬이었다. 야드네쉬는 내가 배정받은 방의 바로 맞은편에 사는 친구였는데 반 년 전에 스웨덴에 도착해서 벌써 완벽 적응을 한 것처럼 보였다. 그는 어리버리하게 기숙사 복도를 둘러보고있는 내 손을 잡고 으스러질 것처럼 힘차게 악수를 했다. 그리고는 곧장 옆방에 사는 바룬의 방문을 똑똑 두드렸다. 바룬은 이 쿼리도에서 가장 오래 지낸 석사생이었는데 몇 시간 동안 노트북 앞에만 앉아있었는지 무척이나 피곤해보였다.(대학원생의 삶이란…) 그는 가볍게 악수를 마친 뒤 '다음에 다시 인사하자'며 방문을 닫았다.

야드네쉬와 바룬 두 사람 모두 인도에서 왔지만 모국어가 달랐다. 인도라는 나라의 땅덩어리가 워낙 넓다 보니 지역마다 쓰는 말이 다 달랐던 것이다. 그래서 서로 얘기할 때 영어와 힌디어를 섞어서 그들만의 언어로 소통을 했다.

"어차피 모국어가 다르면 그냥 영어로만 소통해도 되는 것 아니야?"

한번은 이렇게 물어본 적도 있었다. 그러자 야드네쉬는 씩 웃더니 그냥 고향 느낌을 내고 싶다고 했다. 그게 그들이 영어와 힌디어를 섞어서 쓰는 이유였다. 그들과 지내면서 인도문화를 조금씩 알아갈 수 있었는데 가장 재밌었던 것은 불에 대한 그들의 태도였다. 바룬은 인도에서 불은 곧 신을 상징한다고 했다. '아그니'라는 신과 동일시 한다는 것이다. 그 때문에 촛불도 함부로 끌 수 없었다. 그런데 여기서 문제가 하나 생긴다. 생일 축하를 하는데 촛불을 케이크 위에 꽂을 수 없는 것! 그래서 촛불 대신에 킷캣을 꽂았다고 했다.

그때 옆에서 조용히 이야기를 듣고 있던 조나단이 한 마디를 얹었다.

"그럼 갑자기 집이 불에 타면 어떻게 할 거야? 그냥 내버려 둬?"

바룬은 침착하게 설명했다.

"물로 끄면 돼. 인위적으로 끄는 거랑 물로 끄는 거랑은 느낌이 달라."

그러자 조나단이 말했다.

"그러면 생일축하 할 때도 초에 불을 붙인 다음에 분무기로 칙칙 뿌리면 되겠네~!"

"칙칙!"

조나단은 신이나서 깔깔 웃고 바룬은 어이없는 듯 고개를 절레절레 흔들었다. 촛불을 분무기로 끄는 상상을 하면서 배꼽이 빠져라 웃었다.

퀴리도 파티 자리에 잘 나오지는 않았지만 공용 주방에서 만날 때마다 반갑게 인사해 주던 친구들도 있었다. 그중에 한 명이 바로 나이지리아에서 온 예춘데였다. 그녀와 주방에서 이런저런 얘기를 나누다가 어렸을 적 내 별명이었던 요루바족장의 그 '요루바족'이 나이지리아의 최대 규모 부족이라는 사실을 알게 되었다. 조금 어이가 없는 이야기를 하나 하자면 초등학교 때 내가 요루바족장이라는 별명을 얻게 된 것은 여름 감기에 걸려서였다. 콜록콜록대면서 으슬으슬 떨고 있는 나를 보고 한 친구가 요루바족장이라는 별명을 붙여주었다. 그 애가 요루바족에 대해서 어떻게 알았냐고? 마침 초등학교 교과서에 관련된 내용이 실려있었다. 그들이 감기에 잘 걸린다는 이야기는 그 어디에도 없었지만 '아프리카 사람들은 추위에 약할 것이다'는 초딩들의 사고회로가 나를 요루바족장으로 만들었다. 그런데 예춘데는 진짜 요루바족 사람이었다. 가짜 요루바족장이 진짜 요루바족을 만나다니.

예춘데는 내게 나이지리아에 대한 이런저런 이야기를 해주었다. 요루바족의 거주구역은 나이지리아와 베냉 두 나라에 걸쳐 있다는 얘기, 또 부족마다 다른 언어를 사용하고 있기 때문에 일반적인 영어와는 다른 영어 크레올어(English Creole)를 공용어로 사용한다는 얘기도 들려주었다. 또 그녀는 내게 나이지리아에서 K-드라마가 선풍적인 인기를 끌고 있다는 얘기도 해주었다. 그 인기가 머릿속에 잘 그려지지 않았다. 예춘데의 여동생도 한국 드라마에 푹 빠져있다고 했다.

카르멘도 부엌에서 마주칠 때마다 환하게 인사해 주던 사람 중 하나였다. 그녀는 아르메니아에서 왔고 막 석사를 끝마친 직장인이었다. 술 마시는 것을 정말 좋아했는데 주사가 주변 사람들에게 따뜻한 말 한 마디씩 건네고 껴안는 것이었다.

하루는 쿼리도 친구들끼리 술을 마시면서 각자의 나라에 대한 특이한 점을 이야기하고 있었다. 그때 카르멘은 아르메니아에서는 남자가 여자를 납치해가면 그대로 결혼을 해야한다는 얘기를 해주었다. 물론 현대화된 가족이라면 신경도 안 쓰겠지만 여전히 구습에 얽매여있는 가족들이 있다는 것! 딸이 납치가 되었기 때문에 그대로 결혼까지 시켜버리는 부모가 여전히 있을지 모른다고했다.

부엌에서 종종 마주치던 예춘데와 카르멘은 얼마 되지 않아 다른 곳으로 이사를 갔다. 이제 조금 가까워지나 싶었는데 아쉬웠다. 그래도 주방에는 늘 야드네쉬와 바룬이 있었다. 참 그리고 조엘도 있었다. 그녀는 스위스에서 생물학을 전공하고 있었는데 마침 내가 생물학에 관심이 있다고 말하자 신바람이 나서 영어원서 한권을 빌려주었다. 내가 달팽이를 좋아한다고 말하자 그녀는 자웅동체 동물의 꺼림직한(?) 짝짓기 과정에 대해서도 알려줬다.

"달팽이는 짝짓기를 할 때 펜싱을 해. 펜싱에서 이기는 쪽이 수컷이 되고 지는 쪽이 암컷이 되는거야. 어때? 이 얘기를 듣고도 여전히 달팽이가 좋아?"

3.

나이 어려서 부럽다!

한국에 있을 때 막연히 외국은 한국과 다를거라고 생각했던 것들이 있었다. 예컨대 이런 것들.

"외국 사람들은 한국 사람들만큼 쫓기듯 살지 않을 거야."

"외국 사람들은 한국 사람들처럼 나이에 별로 신경 안 쓸 거야."

틀린 말은 아니었지만 먼저 짚고 넘어가야할 것이 있었다. 우선 그 외국이라는게 정확히 어떤 나라와 어떤 문화를 가리키는것일까?

흔히 자유분방하고 여유로운 이미지를 떠올리며 이야기하는 외국은 서구권 나라였다. 그런데 서구권 나라라고 다 같은 나라는 아니지 않은가? 북미와 유럽 사람들의 느낌이 다르고 또 유럽 안에서도 지중해와 맞닿아있는 남유럽과 북극권과 맞닿아있는 북유럽의 사람들은 완전히 다른 인상을 풍겼다.

조엘은 스위스 사람들이 일정한 생애 주기에서 벗어나기를 좋아하지 않는다고 했다. 김나지움을 졸업하면 바로 대학을 가고, 대학을 제때 졸업하고선 바로 취업을 하고… 뭐든 제때제때 하지 않으면 안달이라도 나는걸까. 스위스 사람들은 그렇다고 했다. 한국이랑 별 다를바가 없는 것 같다고 맞장구치며 웃었다. 어떤 면에서 스위스는 한국사회보다 더 숨막히는 면도 있는 것 같았다. 특히 대학교. 대학교가 워낙 엄격해서 몇 번 낙제점를 받으면 곧장 제적을 당하고 몇 년 동안 같은 전공으로 재입학이 불가능하다고 했다. 그 이야기를 듣고 복수전공과 휴학과 재입학까지 별탈없이 가능한 한국대학이 널널한 것 같다는 생각을 했다.

한 번은 쿼리도 피카(Fika)*를 하면서 나이에 관한 이야기가 나온적이 있었다. 20살, 22살, 21살… 다들 20대 초반의 비슷한 또래였다. 친구들의 나이를 하나하나 들으면서 놀란 표정을 짓던 루치에는 끝내 여기 부엌에 모여앉은 사람들 가운데 자기만 20대 중반인 사실을 알게 되고는 울부짖었다.

"너희들 나이 어려서 부럽다!!"

물론 진지한 분위기는 아니었지만 가벼운 말이래도 이렇게 말하는 것이 꼭 한국스럽다는 생각에 웃음이 픽 나왔다.

---

* Fika는 Coffee를 거꾸로 발음한 것으로 잠깐의 티타임을 뜻하는 스웨덴말이다.

그래봤자 다른 친구들보다 두세 살 많은 나이인데 '나이가 어리다고 부럽다'는 말을 하다니. 사람 사는 세상은 다 비슷한 게 아닐까 생각해 보았다.

물론 한국 사람들이 특별히 나이에 신경을 많이 쓰는 편이라는 느낌은 꾸준히 받았다. 자기소개를 할 때도 보통 이름 다음으로 언급되는 것이 나이였기 때문이다. 하지만 스웨덴에서 만난 친구들은 나이를 그렇게까지 중요하게 생각하지는 않는 것 같았다.

한편 한국에서는 비슷한 생애 주기에서 벗어나는 것을 많이들 어색하게 느끼는 것 같다. 특히 나이가 취업을 할 때도 중요한 스펙이 되기 때문. 그래서 다른 일을 하다가 30살에 다시 대학을 들어간다거나 고등학교를 졸업하고 1년 갭이어*를 가진다거나 하는 한가해 보이는 일은 흔치 않아 보인다. 30살에 다시 의대를 들어간다거나 고등학교를 졸업하고 1년 재수를 하는 식의 뚜렷한 목적을 가진 '한국식 이탈'은 있지만 말이다.

다른 나라는 몰라도 스웨덴의 경우에는 확실히 한국과 분위기가 달랐다. 시몬은 고등학교를 졸업하고 바로 대학에 진학하는 학생이 오히려 소수라고 말했다. 대부분 갭이어를

---

* 갭 이어 (Gap Year)는 학업이나 업무를 잠시 중단하고 자신의 미래를 탐색하고, 다양한 경험을 쌓는 기간

가진 뒤에 대학을 진학했다고. 또 자기 아버지도 다른 일을 하다가 24살에 대학을 입학했다고 했다(의대 아님). 독일에서 온 조나단도 30살의 나이에 다시 대학에 입학해서 물리학을 공부하고 있었다. 그는 하고 싶은 일을 하는 데 있어서 나이가 큰 장벽이 될 수 없다고 말했다. 그러나 루치에는 갭이어 문화가 유럽 전체에 일반적인 것은 아닌 것 같다고 덧붙였다. 스웨덴이나 독일 같은 나라에서는 흔하게 볼 수 있을지 몰라도 체코에서는 그렇지 않다고.

  교환학기를 보내며 막연히 외국이라고, 서구권이라고, 유럽이라고 다 비슷한 문화를 공유하지는 않는다는 사실을 피부로 느꼈다. 세상에는 정말 다양한 삶의 방식이 존재한다는, 조금은 뻔한 사실도 말이다. 빠른 삶. 느린 삶. 뚜렷한 목표를 향해 직선적으로 나아가는 삶. 어디로 나아가는지 정확히 알 수 없는 곡선 같은 삶…. 수많은 삶과 수많은 선택은 제각각 다른 방향을 향해 가지처럼 뻗어있었다. 어디로 가야할지 모르겠지만, 어디로든 가도 괜찮겠다는 생각이 들었다.

4.

스웨덴어는 가래떡을 잡아늘리듯 말해야해

"탁소미켓~"(Tack så mycket)

이카*에서 계산을 끝내면 늘 경쾌한 말 한 마디를 들을 수 있다. 바로 감사하다는 뜻의 탁소미켓. 왠지 상큼한 레몬사탕을 입에 머금고 말하는 느낌이었다. 톡톡 튀는 듯한 발음이라 '고마워'라는 의미보다는 꼭 '좋은 하루 보내~'와 같은 뜻을 가지고 있을 것만 같은 단어.

노르웨이에서 만난 선장 아저씨는 내가 스웨덴에서 교환학기를 보내고 있다니까 껄껄 웃으면서 이렇게 말했다.

"스웨덴어는 참 리드미컬해서 재미있어요. 탁~소! 미-켓- 하하하"

생각해보니 그랬다. 스웨덴 사람들은 가래떡을 쭉쭉 잡아늘리는 것처럼 말했다. 그게 재밌어서 따라하다보니 '너 스

---

* 이카는 스웨덴의 유명한 마트 브랜드다.

웨덴어 흉내 잘낸다!'는 소리를 심심찮게 들을 수 있었다. 최대한 노래 부르듯이 말하는 게 스웨덴어 잘해 보이기 비법이었다. 붙점리듬으로 첫음절을 늘리고 경상도 사투리처럼 굴곡을 만들면 꽤 그럴듯해 보였다. 스웨덴어는 꼭 터키식 아이스크림처럼 쫀득쫀득한 게 특징적이었다. 한번은 이곳 출신 음악가가 많은 게 언어가 리드미컬한 탓은 아닐까 생각해 본 적도 있었다.

"스웨덴 사람들 중에 노래 잘 부르는 사람이 참 많잖아. ABBA도 있고, 이번에 유로비전을 우승한 로린도 있고… 그게 어쩌면 스웨덴어가 리드미컬해서 그런 게 아닐까?"

그러자 한나(합창동아리에는 한나가 세명이나 있었는데 그 중에 키가 제일 작은 한나였다)가 고개를 끄덕이며 대답했다.

"어쩌면 진짜 그런 것 같기도 해. 우리는 태어나면서부터 음악을 배운게 아닐까? 하하"

헤이헤이~

탁탁!

생각해 보면 스웨덴어는 같은 단어를 두 번씩 반복하는 것도 특징적이었다. '헤이' Hej는 안녕이라는 뜻인데 그냥 '헤이'라고 하기보다는 '헤이~헤이~'라고 말하는 경우가 많았다. '고마워'라는 뜻을 가진 '탁' Tack도 마찬가지였다. 그렇다고 세 번씩 '헤이-헤이-헤이'라거나 '탁!탁!탁!'이라고 말하는 사람을 본 적은 없었다. 이조차도 굉장히 리드미컬하다는 생각이 들었다.

5.

앉으면 평생 졸업 못하는 의자

"솔직히 지루했는데… 한번쯤은 가볼만 한 것 같아!"

가스크(Gasque)는 스웨덴만의 독특한 학생문화로, 격식있게 차려입고 기다란 탁자에 둘러앉아 저녁식사를 하는 파티다. 가스크가 어떤 모습일지는 영화 〈해리포터〉를 본 사람이라면 쉽게 떠올릴 수 있다. 호그와트의 대연회장에 학생들이 모여 식사를 하는 장면을 떠올리면 된다. 천장에는 샹들리에가 달려있고 식탁 위에는 촛불과 식기가 가지런히 놓여있다. 천장에 둥둥 떠다니는 유령은 없지만 옛날 사람들 인물화가 벽에 달려있는 것은 호그와트나 움살라나 똑같다. 그런데 해리포터의 대연회장과 움살라의 가스크가 결정적으로 다른 점이 딱 하나 있다. 바로 가스크는 음식 먹을 틈을 절대로 주지 않는다는 것.

"음식 먹을 틈을 주지 않는다는 게 도대체 무슨 소리야?"

아주 중요한 질문이다. 가스크는 먹을 틈을 좀처럼 주지 않는다. 한 숟가락을 입에 넣으려고 하면 사회자가 일어나서 연설을 시작한다. 연설이 끝나고나서 또 한 숟가락을 떠먹으려고 하는 찰나, 갑자기 노래를 부르기 시작한다. 이쯤 되면 '왜 음식을 눈앞에 가져다놓고 자꾸 딴짓을 하는가' 의문이 들지 않을 수 없다. 하지만 밥 먹기 전에 연설하고 노래부르는 것쯤이야 그렇게 문제될 사항은 아니다. 이제부터 제대로 먹기 시작하면 되니깐.

'드디어 준비가 끝났구나!'

신나는 마음으로 한 숟가락을 크게 뜬다. 그런데 입에 음식을 넣기가 무섭게 이번엔 동아리 합창단의 공연이 시작된다. 그렇다. 가스크는 밥 먹기 위해 가는 자리가 아니다. 음식은 곁들 뿐, 가스크 자체가 목적이 되어야 한다. 노래부르고, 한 숟가락 뜨고, 연설 듣고, 술 한 모금 하고, 춤추고, 또 한 입 먹고… 그렇게 흥겨운 저녁 시간을 보내는 것이 가스크 문화였다.

내 옆에 앉은 바룬은 가스크 내내 지루한 표정으로 앉아 있었다. 가스크가 싫다고 했다. 그는 격식있게 정장을 차려 입고 머리에는 색종이로 접은 붉은 꼬깔콘을 쓰고 있었다. 머리에 붉은 꼬깔콘을 쓴 건 가스크의 컨셉이 민물가재였기 때문이다. 본인의 의지와 무관하게 '정장입은 가재'가 된 바룬은 가스크 내내 입이 삐쭉 튀어나와 있었다. 꼭 주말에 조카들 놀아주느라 진이 다 빠진 삼촌 같았다. 그의 마음도 이

25

해가 되었다. 점심도 제대로 못 먹고 나왔는데 가스크에서는 뭘 좀 먹어보려고 할 때마다 못 먹게 막았기 때문. 심지어 연설도 대부분 스웨덴어로 진행되었고 노래 가사는 뜻을 전혀 유추할 수 없는 고틀란드 방언이었다. 배는 고픈데 밥은 못 먹게 하고 뭔가 노래를 부르는데 뜻은 모르겠고…

"너 표정이 어두워보여. 괜찮은거 맞지?"

나 역시 바룬처럼 심드렁하게 앉아 있었던 모양이다. 그래. 그냥 마음을 내려놓기로 했다. 사람들이 웃을 때 같이 웃고, 우스꽝스러운 노래를 부르기 시작하면 따라 부르고, 옆사람이 팔짱을 끼면 같이 몸을 양옆으로 흔들었다. 흘러가는 대로 흘러가자. 그제서야 가스크를 즐길 수 있었다.

평소에는 다소 차갑고 내성적이라는 그들도 술을 마시고 나면 스페인 사람들 못지않게 광적인 에너지를 뿜어내기 시작했다. 웃고 환호성 지르며 분위기를 절정으로 이끌더니 갑자기 의자 위로 올라가는 것이었다. 영화 〈죽은 시인의 사회〉가 떠오르는 한 장면이었다. 그렇게 모두가 의자 위에 선 채로 가스크가 끝났다. 기승전결이 확실했다. 이제 뒤도 돌아보지 말고 연회장을 떠나라고 했다.

만약 다시 의자에 앉는다면? 의자에 앉는다면 영영 졸업을 못하게 된다. 굳이 확인해 보고 싶지 않아서 서둘러 연회장 바깥으로 나왔다.

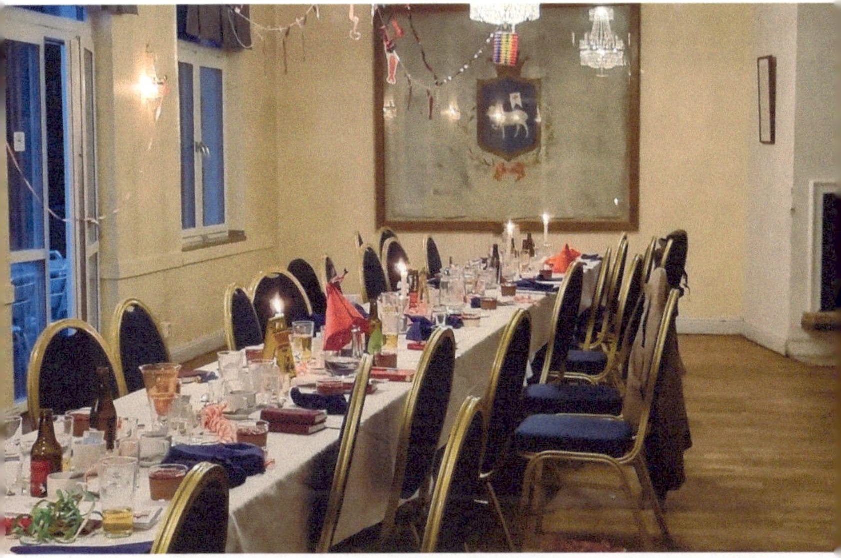

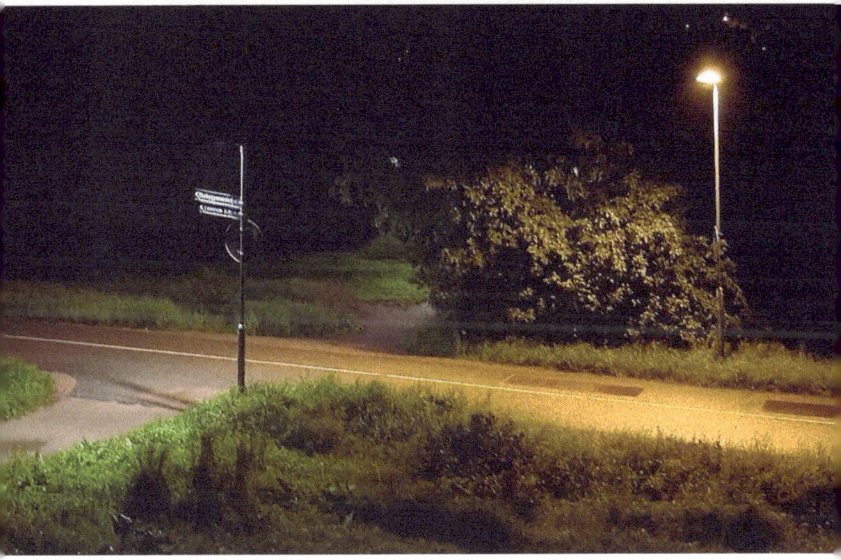

6.

누가 버섯을 마트에서 사 먹어?

 기숙사 건물 7층에는 사계절 내내 털모자를 쓰고 다니는 할아버지가 살았다. 교환학생들과 석사생들이 사는 기숙사 건물에 그가 왜 살고 있는지 무척 궁금했지만 알 길은 없었다.
 '어쩌면 뒤늦게 대학에 입학한건 아닐까?'
 학생은 아니었다. 가장 미스테리했던 것은 그가 이곳에서 이미 수십년 동안 살았다는 점이었다. 최대 2년까지만 계약이 가능한 기숙사 건물에서 수십년 동안 살았다니. 설렌 마음으로 입주해서 아쉬운 마음으로 떠나가는 교환학생들의 모습을 한 서른 번 정도는 반복해서 보았으려나. 그래서일까. 잠깐 머물다가는 학생들에게 딱히 정을 붙이고싶지 않았던 것 같다. 흑염소 같이 흐리멍덩한 눈으로 능숙하게 주방 식기를 치우던 그와 대화를 나눈 것은 딱 한 번 뿐이다.
 "그렇게 요리하면 안 돼."

늘 산타할아버지 같이 화사한 옷을 입고 다니는 그였지만 산타같이 온화하고 다정한 사람은 결코 아니었다. 한없이 까칠했다. 그래도 내게 어이없는 웃음을 선물해 주었던 일이 딱 한 번 있었다.

"도대체 누가 버섯을 마트에서 사먹는지 이해가 안 돼. 밖에 나가면 사방에 널린게 버섯인데."

가을이 되면 스웨덴 사람들은 숲 속 요정처럼 바구니를 하나씩 들고 숲으로 가 버섯을 채집한다. 나도 기숙사 주변 숲에 핀 먹음직스러운 버섯을 여럿 봤다. 하지만 그걸 따먹을 생각까지는 미처 하지 못했다. 독버섯일지도 모르는데 그냥 마트에서 사 먹는 게 안전하지 않나.

하지만 플록스타 7층 산타에게는 그조차도 사치였나보다.

한동안 그의 목소리는 내 머릿속에서 끝없이 맴돌았다.

"누가 버섯을 마트에서 사 먹니? 너니??"

7.

한글날

 매주 월요일 저녁마다 고틀란드 네이션(Gotlands Nation) 건물 지하에서 왁자지껄한 파티가 열린다. 정확히 말하면 파티 같은 분위기의 언어교환 카페다. 해가 지고 어둑어둑해질 즈음 사람들이 삼삼오오 지하 카페로 들어섰다. 다들 배우고 싶은 언어도 많고 이미 할 줄 아는 언어도 많았다. 대부분 3개국어 이상을 유창하게 구사했다. 유럽에 사는 사람치고 3개국어 이상을 구사하지 못하면 게으르게 본다나. 그리스에서 온 한 친구는 독일어와 영어, 스웨덴어를 할 줄 알았다. 여러 나라가 워낙 가깝게 붙어있는데다가 솅겐조약으로 국경을 넘나드는 일도 쉬워진 탓일지 모르겠다. 부모님의 고향, 태어난 곳, 어렸을 때 자란 곳, 그리고 지금 지내는 곳이 모두 다른 친구들도 있었다.
 '팅 팅 팅!'
 진행자가 유리컵을 치면 모두가 말을 멈추고 앞을 바라봤다. 이제 한 사람씩 돌아가면서 자기가 배우고 싶은 언어를 말한다. 그리고 진행자는 참가자들의 수요를 취합해서 테이블별로 하나씩 언어를 배정한다. 의외로 영어를 배우려는 사람은 한 사람도 없었다. 모두가 영어를 모국어처럼 편하게 구사했기 때문일까. 내가 그 유일한 한 명이 될 수도 있었겠지만 이번에는 스페인어를 배우고 싶다고 말했다. 아직 대화가 되는 수준은 아니었지만 듀오링고로 왕초보 딱지는 뗐기 때문에 뭐라도 들리는 말이 있을까 싶었다. 스페인어 테이블에는 벌써부터 사람들이 자리를 잡고 있었다.

어색하게 자리를 잡으려던 순간 뒤에서 누군가 툭툭 쳤다.

'무슨 문제가 있나?'

그녀는 덥썩 옷 소매를 붙잡고 어디론가로 나를 데려갔다. 카페에서 가장 구석진 테이블이었다. 조명도 잘 들어오지 않는 어둑한 구석자리엔 두 명의 친구들이 먼저 앉아있었다. 그렇게 나까지 모두 네 명이 마주보고 앉았다. 영문도 모른채 눈을 깜박였다. 한국어를 배우고 싶어하는 친구들이었다. 상상도 하지 못한 일이었다.

서툰 글씨로 또박또박 적은 단어와 문장이 눈에 들어왔다. 한국어 공부노트라고 했다.

"안녕하세요 만나서 반갑습니다. 이름이 뭐예요?" "어디에서 왔어요? 저는 스톡홀름에서 왔어요!" 환경과학을 공부하고 있다는 서휘는 당근케이크를 정말 좋아하는 모양이었다. 공부노트에는 당근케이크와 관련된 표현들이 많았다. 생일 때 당근케이크를 먹었다는 문장도 한국어로 적혀있었다. 문득 순례자의 길을 걷다가 만난 프랑스 아저씨 제롬이 생각났다. 자기가 할 줄 아는 유일한 한국말이 있다면서 잠깐 기다려보라는거다. 나를 앞에 세워놓고 잔뜩 기대를 하게끔 만든 그는 진지한 표정으로 또박또박 말했다.

"느타리버섯~ 맛있다!"

전혀 예상치못한 말에 배꼽을 잡고 웃었다. 느타리버섯이라니. 아무래도 외국어는 자기가 좋아하고 자주 생각하는 단어부터 배워가는 게 효과적인 모양이다. 당근을 좋아하는 서휘의 한국어노트를 보며 제롬의 안부가 궁금해졌다. 계획대로 스페인어 테이블에 앉지는 못했지만 뜻밖에 스웨덴 친구들에게 한국어를 알려주게 되다니! 가벼운 발걸음으로 기숙사로 돌아왔다. 마침 어제는 한글날이었다.

8.

발꼬랑내 나는 물고기와 피로 만든 푸딩

 오늘은 두 가지 요리를 맛보고 별점을 매겨보도록 하겠습니다. 바로 스웨덴하면 떠오르는 대표 음식들인데요. 미트볼이냐구요? 아, 아쉽게도 오늘은 아닙니다. 오늘 맛볼 요리는 바로 청어와 블러드푸딩입니다. 군침이 싹 돌죠?

First dish. _청어_

청어. 우리나라로 치면 홍어 정도 되는 느낌 아니겠어요? 사실 홍어를 먹어본 적은 없습니다만 청어가 발꼬랑내가 나는 물고기라기에 홍어가 딱 떠올랐습니다. 마침 이름도 연결되네요. 청어랑 홍어. 파란물고기와 빨간물고기이니깐 아구가 맞죠? 앗, 재미없으셨다면 죄송합니다. 사실 홍어의 홍자는 붉을 홍자도 아니라네요. 암튼 제가 청어요리를 맛있게 먹을 수 있다면 한국에서 홍어요리도 맛있게 먹을 수 있겠죠.

그럼 한 입 맛보겠습니다.

…

음… 생각보다 괜찮은 맛인데요?

빵이랑 샐러드랑 이것저것 청어 특유의 비린내를 중화시킬 수 있는 것들을 함께 먹으니 나름 괜찮군요. 자주 찾아 먹을 것 같은 음식은 아니지만 그 악명에 비하면 아주 훌륭합니다.

별5개 중 3.5개!

★★★⯪☆

Second dish. 블러드푸딩

자 바로 다음 요리를 시식해 보겠습니다. 개인적으로 선지해장국도 정말 좋아하고 순대 먹을 때 간도 같이 시켜먹는 편입니다. 그래서 돼지의 피로 만든 푸딩이라고 해서 특별히 거부감은 없어요. 일단 어떻게 생겼는지부터 볼까요?

쌔까아만 게 꼭 영화 <설국열차>에 나오는, 바퀴벌레를 갈아서 만든 단백질 블록 같네요. 아 너무 겁먹으실 필요는 없습니다. 그냥 평범한 초콜릿케이크 같이 생겼어요. 괜히 겁을 드렸다면 죄송합니다.

...

음… 그냥 푸딩만 먹기에는 심심할 테니 베리잼을 함께 발라서 맛보겠습니다.

묘한 맛입니다. 삼삼하고 투박한 맛이랄까요. 먹기 싫은 맛은 아닌데 또 먹고싶다는 생각은 들지 않는군요. 저는 청어가 조금 더 나은 것 같습니다.

별점은 다섯 개에 두 개 반!

★★☆☆☆

9.

아닌 밤중에 총소리

'탕!!!'

평화롭기로 소문난 스웨덴에서 아닌 밤중 총소리가 들릴 리가. 별 일 아니겠지 싶었다. 그런데 이번엔 앰뷸런스 소리가 들렸다. 불안한 마음에 만나는 사람마다 붙잡고 물어봤다. "혹시 무슨 일 있는 건가요?" 다들 고개를 갸웃거렸다.

실은 얼마전에 읽었던 기사 하나가 마음에 걸렸다. 스톡홀름 외곽에서 총기사고가 늘어나고 있다는 이야기. 연초에는 웁살라 인근에서도 총기사고가 있었다고 했다. 어쩌다 스웨덴은 유럽 최대 총기살인율을 기록하는 국가가 된 것일까. 그 기사에서는 이렇게 말하고 있었다. 이민자들이 스웨덴 사회에 잘 녹아들지 못했기 때문이라고.

생각해 보면 스웨덴에는 정말 많은 이민자들이 살고 있었다. 대성당 앞에서 팔라펠을 파는 아주머니는 이집트에서 오셨다고 했고 자주가는 바버샵 사장님은 쿠르드 사람이었다. 중앙역 앞에는 이란 사람이 운영하는 가게와 아프리카 식료품점이 있었으며 중국사람들이 운영하는 아시안 마켓은 시내 곳곳에 있었다. 스웨덴 전체 인구 다섯 명 중 한 명에 해당되는 인구가 이민자라고 하니 엄청난 숫자였다. 잘 와닿지 않는다면 한 번 이렇게 생각해 볼까. 대한민국 인구가 오천만. 그 중에 서울 인구가 천만. 그러니까 우리나라 사람들 중에 서울사람은 모두 다 이민자인 셈이다.

"이민자들에 대한 사람들의 인식이 어때?"

시몬은 어려운 질문을 받았다는 듯 잠깐 고민한 뒤 대답했다.

"스웨덴은 항상 이민자들에게 친화적인 나라였어. 사회를 구성하고 있는 이민자 집단의 숫자도 정말 많고, 나 역시도 이민자 2세대야. 그런데 2015년이 지나면서부터 이런 분위기가 조금 변한 것 같아."

시리아 내전 무렵 수많은 난민과 이민자가 유럽으로 유입되었던 일이 떠올랐다. 스웨덴도 예외는 아니었다. 많은 사람들이 갑작스레 유입된 탓일까. 일자리, 주거문제 등 사회 다방면으로 잡음이 일었고 반(反)이민을 외치는 정당이 득세하였으며 또 이민자 집단으로 구성된 갱단이 총기사고를 일으키기 시작했다고 한다. 생각했던 것보다 복잡하고 심각한 문제였다.

총소리로 추정되는 소리를 들은지 얼마 지나지 않아 늦은 밤 기숙사 바로 앞에서 또 한 번 폭음이 들렸다. 반쯤 잠들었다가 불안한 마음에 곧장 창가로 달려갔다. 올 것이 온 건가. 갱단이 기숙사 건물 앞에서 총을 쏜 걸까. 그런데 웬걸, 교환학생들이 아닌 밤중에 폭죽을 터뜨리고 있는 것이다. 이 늦은 시간에 기숙사 앞 마당에서 폭죽놀이라니 입 밖으로 욕이 나오려는 걸 간신히 참았다.

'그래. 폭죽놀이라면 차라리 낫지.'

그날 이후로는 간담을 서늘하게 하는 굉음을 다시 들을 일 없었다.

10.

낮고 느린 마을버스

집채만한 덩치의 노란버스가 정류장에 멈춰선다 아이들의
목소리에 귀기울이는 어른처럼
커다란 버스는 몸을 기울여 도보와 높이를 맞춘다 출입문이
열린다 휠체어를 탄 남자가 버스에 오른다
유모차를 끈 커플도 지팡이를 짚은 백발의 할머니도
천천히 하나씩 버스에 오른다

II.

유럽친구들도 필기는 열심히 한다.

 서구권 학생들에 대해서 내가 갖고 있던 편견 아닌 편견이라면 예컨대 이런 것들이었다.
 ☺ 한국 학생들보다 대체로 수업에 적극적으로 참여한다. ☺ 질문도 많이 할 것 같다. ☺ 하나하나 빠짐없이 필기하기 보다는 중요하거나 흥미로운 부분만 적어갈 것 같다.
 그렇게 생각한데는 사실 이유가 있었다. 어느 EBS 다큐의 한 장면 때문이었다. 다큐 속에서 한국의 우등생들은 교수의 말을 토씨 하나 빼놓지 않고 적으려고 했다. 교수의 말을 완벽하게 받아적고 시험지에 복붙해야 좋은 성적을 받을 수 있다나. 그에 반면 미국의 대학생들은 흥미롭거나 도움이 될 것 같은 부분만 필기해 갔다. 강의 내용을 그대로 받아적는 것보다는 떠오르는 생각을 적는 편이 훨씬 학습에 도움이 된다나. 그 다큐를 보고난 뒤로 스웨덴에서 만난 유럽 에라스무스 학생들의 분위기는 어떨까 싶었다. 나름의 기대도 있었던 것 같다. 좋고 나쁘고를 떠나서 한국대학과는 뭔가 색다른 수업 분위기를 말이다. 하지만 의외로 첫 수업에서 만난 친구들은 한국 대학에서 만난 친구들과 크게 다르지 않았다. 우선 다들 노트북을 펴놓고 열심히 필기를 하고 있었다. 타자 소리가 끊이지를 않았다. 토씨하나 빠뜨리지 않고 다 적는지는 잘 모르겠다만 여하간 열심히들 타이핑을 하고 있었다. 수업이 끝나고난 뒤 한 학생은 교수 옆으로 다가가 질문했다.

"시험문제 혹시 어떻게 나오나요? 그리고 범위는 어떻게 되나요?"

참 익숙한 풍경이었다.

"여러분들이 중간중간에 질문하는 것을 아주 환영합니다."

첫 수업부터 교수는 학생들의 적극적인 참여를 권장했다. 중간에 자신의 말을 끊고 질문을 해도 상관없고 오히려 그렇게 적극적인 참여를 하는 것이 좋다고 강조했다. 하지만 교수의 바람에도 대부분의 학생들은 조용했다. 학구적인 학생들 몇몇이 수업 도중에 손을 들고 질문을 하긴 했지만 그리 자주 있는 일은 아니었다. 어쩌면 코로나 이후로 학생들의 성향과 수업분위기가 많이 바뀐 것일지도 모른다.

다만 눈에 띄게 다른 점이 딱 하나 있었다. 바로 교수를 '교수님'이라고 부르지 않고 이름으로 부르는 것. 교수를 이름으로 부르는 것은 평등을 중요하게 생각하는 노르딕국가만의 특징이었다. 가까운 영국에서 온 친구들도 교수를 이름으로 부르는 것은 많이 어색하다고 말했다. 하긴 해리포터도 덤블도어를 부를 때는 항상 '교수님'(Professor)하고 공손히 말했지. 그러나 스웨덴에서는 그렇게 공손해질 필요가 없었다. 물론 무례하게 행동해도 된다는 뜻은 아니지만, 나이나 신분, 직급에 상관없이 그냥 이름으로 상대방을 호명할 수 있었던 것이다. 스웨덴에서 이름으로 부를 수 없는 사람은 딱 한 명, 국왕 뿐이라고 했다. 국왕이 아닌 사람에게 특별히 다른 호칭을 붙여서 부르면 오히려 이상하게 보인다나.

한국에서는 차마 생각할 수 없었던 것이 이루어지는 모습을 보며 한 번 이런 상상을 해봤다. 당당한 발걸음으로 교수님께 찾아가는 거다. 옷매무새를 단정하게 하고 목을 가다듬은 다음에 진중하게 안부인사를 건넨다.

경영아 오랜만이야 나 복학했어… 잘 지냈지?

12.

이케아에 갔다가 미트볼만 먹고 오지요

 이케아에 갈 때마다 빼먹지 않고 하는 일이 있다. 바로 미트볼을 먹는 일! 유난히 외식물가가 비싼 스웨덴에서 손을 떨지 않고 카드 결제할 수 있는 유일한 곳이 이케아였다. 스웨덴 사람들도 많이들 이곳에서 외식을 했다. 그래서 점심시간에는 늘 놀이공원처럼 줄이 길게 늘어서 있었다.

 스웨덴어로 쉐트불러(Köttbullar)라고 불리는 미트볼은 보기보다 든든한 음식이었다. 동그랑땡 크기의 미트볼 하나를 먹고 얼마나 배부를까 싶은데 열 개 정도만 먹어도 꽤 포만감이 들었다. 보기보다 맛도 다채로웠다. 으깬 감자와 완두콩은 바순처럼 담백했고 상큼한 링곤베리는 글로켄슈필처럼 입안을 굴러갔다. 마지막으로 미트볼까지 합류하면 하모니의 완성!

 한번은 생활용품을 사러 이케아까지 갔다가 미트볼만 먹고 돌아온 적도 있었다. 금강산도 식후경이라고 이케아 쇼

핑보다 중요한 것은 미트볼 먹기였던 모양이다. 식사를 끝마치고 본격적인 쇼핑을 시작하려는데 매장이 문을 닫는다는 소리를 들었다. 세수하러 갔다가 물만 먹고 돌아온 토끼마냥 기숙사로 총총 돌아왔다.

13.

음치 음대생

"혹시 노래 잘 부르니?"

새내기 때 가평으로 모꼬지를 가는 길이었다. 공대를 다니는 선배가 내게 물었다. 혹시 노래 잘 부르냐고. 그 말을 듣고 아는 노래 한 소절을 선배 앞에서 불렀다.

"…도대체 너 음대는 어떻게 간거야?"

무엇보다 노래 부를 때 내 목소리가 마음에 들지 않았다. 목소리가 얇아서 그런걸까 저음역대를 노래하는 것이 힘들었다. 저음역대는 그렇다 치자. 고음역대를 진성으로 소리내는 것이 힘들다는 점이 문제였다. 노래방에서 퀸(Queen)의 노래를 열창하는 친구를 보면서 내심 부럽다고 생각했다.

"저렇게 신나게 고음을 내지를 수 있다면 좋을텐데"

노래방에서 처음 노래를 부른 것도 스무 살이 넘어서였다. 친구들은 구석에 앉아있는 내게 마이크를 넘겨주었다. 버팅기고 있는 나에게 끈질기게 마이크를 쥐어주는 바람에

뭐든 한 번 불러보기로 마음 먹었다.

'무슨 노래를 불러야할까…'

최대한 음역대가 좁고 잔잔한 노래를 하나 찾았다. 바로 이소라의 "사랑이 아니라 말하지 말아요".

분위기를 살짝 가라앉히기는 했지만 어쨌거나 노래를 처음부터 끝까지 불러냈다는 것에 작은 기쁨을 느꼈다. 그때부터 가끔씩 친구들과 노래방에 가서 노래를 불렀다. 매번 이소라의 노래만 부를 수는 없었기 때문에 김동률의 노래도 몇 곡 불렀다. 노래부르는 것에 대한 거부감이 줄어들었던 것 같다. 꼭 누가 와서 이렇게 얘기해주는 기분이었다.

"잘 부르지 않아도 괜찮아. 노래부르고 흥얼거리는 일은 정말 자연스러운 일이야."

언젠가는 합창을 해보고 싶다는 생각을 그 무렵부터 했던 것 같다. 합창은 사람들 속에서 부담없이 노래를 부를 수 있기 때문이었다. 스웨덴에는 유독 합창을 하는 사람들이 정말 많았다. 그래서 어렵지 않게 인문대 복도에 붙어있는 포스터를 발견했다. 교회 합창단에서 신입 부원을 모집한다는 글이었다. 갈팡질팡 고민을 하고 있는 나에게 반가운 문구도 하나 보였다.

"모든 사람이 노래 할 수 있다고 생각하기 때문에 오디션은 보지 않습니다."

'이거다!'

바로 합창단에 메일을 보내고 다음 연습시간에 찾아갔다. 첫 시작은 목을 풀기 위한 가벼운 스트레칭과 워밍업이었다. 무척 어색했다. 천장에 공을 던지는 동작을 하며 목을 푸는 시간을 가졌는데 몸이 빳빳하게 굳어버린 기분이었다. 경직된 채로 아주 조용히 소리를 냈다. 스트레칭이 끝난 뒤에는 본격적으로 12월 공연에서 부를 곡을 연습했다. 나는 가사도 음정도 모르는 노래를 일단 엉성하게 따라 부르기 시작했다.

엉망진창으로 따라 불렀지만 그래도 괜찮았다. 내 목소리와 옆사람의 목소리와 모두의 목소리에 귀 기울이는 그 시간이 참 좋았다. 소리는 작은 성당을 한가득 채웠다. 마음이 따뜻해지는 기분이었다.

그렇게 매주 화요일 저녁이 되면 나는 성당에 노래를 부르러 갔다.

14.

집 앞에서 노벨평화상 강연 듣기

 12월 6일부터 12일까지는 노벨 주간(Nobel prize)으로 스웨덴이 들썩들썩했다. 그중에서도 노벨의 기일인 12월 10일에는 스톡홀름에서 평화상을 제외한 모든 분야의 노벨상 시상식이 열렸다. 한 번쯤 노벨주간에 스톡홀름을 다녀와도 좋았을거다. 하지만 가혹하게도 시험과 세미나에 고통받다가 노벨 주간을 다 보내버리고 말았다. 아쉬웠지만 하는 수 없었다. 어차피 일반인은 시상식이나 연회에 들어갈 수 없었을텐데 뭐. 그정도로 생각하기로 했다.
 "승래야 내일 노벨상 강의 같이 안 갈래?"
 노벨 평화상 수상자 강연이 대학교 본관에서 열린다고 했다. 바로 내일. 알고보니 웁살라대학교에서는 매년 노벨상 수상자들을 초청해서 강연을 여는 전통이 있었다. 생리의학상, 화학상, 물리학상 수상자들도 수요일에 학교에서 강연을 하고 돌아갔다고 했다. 불행 중 다행으로 마지막 남아있던 일정이 바로 노벨 평화상 수상자 강연이었던 것. 빠질 수 없었다.

올해 평화상 수상자인 나르게스 모하마디 씨는 현재 이란의 감옥에 수감되어 있어서 참석이 불가했다. 대신 모하마디 씨의 가족들이 대리로 참석해서 수상 강연을 진행했다. 엄밀히 말하자면 강연이라기보다는 소감을 나누는 자리에 가까웠던 것 같다. 남편분인 라흐마니 씨는 하고 싶은 말이 정말 많으셨던지 말씀을 멈출 생각을 하지 않고 페르시아어로 이야기보따리를 풀었다. 때문에 한 번 말씀을 멈출 때마다 통역가가 몇 분씩 말을 옮겨야 했다. 한편 모하마드 씨의 자녀분들은 페르시아어가 아닌 프랑스어로 대답을 했다. 워낙 어렸을 때 이란을 떠나온 탓일까 페르시아어보다 프랑스어를 훨씬 편하게 구사하는 것 같았다. 어머니인 모하마드 씨도 그 무렵 생이별을 한 뒤로 지금껏 다시 보지 못했다고 했다.

가늠할 수 없는 힘든 시간을 보내왔겠지만 어머니와 아내에 대한 가족들의 자부심과 신뢰가 강해보였다. 라흐마니 씨는 이란에 대한 서방의 제제가 오히려 당국의 권위를 강화시키고 있다는 점에 유감을 표했다. 제제의 칼끝이 정부를 향하는 것이 아니라 평범한 시민들에게 향하고 있다고. 이란에서 벌어지고 있는 일들에 대해서 꾸준히 관심을 가져줬으면 좋겠다는 발언을 끝으로 강연은 끝났다.

 노벨 평화상은 그 특성 때문에 유독 대리 수상이 많은 것 같다. 올해 모하마디 씨도 그랬지만 바로 작년에 평화상을 공동 수상한 벨라루스의 알레스 비알랴스키 씨도 옥중 수상자였기 때문이다. 벨라루스와 이란 당국은 정치적 결정이라며 노벨 위원회의 결정에 반발했고 수상자들은 여전히 감옥 안에 있다. 그럼에도 불구하고 노벨 평화상을 매개로 더욱 많은 사람들이 이들의 이야기에 귀 기울이게 되었다는 점은 분명 의미 있지 않을까.

15.

화장실 가는 거 불편하지 않으세요?

성중립화장실이라니, 좀처럼 상상이 되질 않았다.

예전에 서울의 한 사립대학에서 성중립화장실을 설치했다는 기사를 본 적 있었다. "획기적인 시도다", "화장실 이용에 불편함을 겪는 성소수자들 뿐만 아니라 모두가 안심하고 쓸 수 있는 화장실이 될 것이다"며 반기는 목소리도 있었고 "성범죄의 우려가 있어서 불편하다", "화장실을 이용하는 사람들을 성소수자로 낙인찍는 효과가 생길지도 모른다"고 우려하는 목소리도 있었다. 양쪽의 목소리 모두 일리 있어 보였다. '모두를 위한 화장실'은 성별 고정관념을 깨고 모든 사람이 함께 이용할 수 있는 공간을 구상했다는 점에서 의미있어 보였다. 하지만 이런 의문이 잇달았다.

"모두가 편하게 사용하도록 설치된 화장실이지만, 정말 모두가 편하게 사용할 수 있을까?"

한국에서는 설치과정에서 그토록 논란이 많았던 성중립

화장실이지만 스웨덴에서는 정말 자연스럽게 존재했던 것이 성중립화장실이다. 새삼스럽게 성중립화장실이라는 이름이 붙여지지도 않았다. 그냥 화장실이었을 뿐이다. 움살라대학교에는 우리가 일반적으로 생각하는 형태의 공중화장실이 없다. 경영대 건물 복도 한가운데에는 화장실 그림이 그려져 있는 문이 있는데 그 문 안으로 들어가면 변기 하나와 세면대 하나가 달랑 있는 공간이 나온다. 어떤 성별을 갖고 있든 간에 누구나 이용가능한 독립적인 공간. 그러니 개념적으로보면 분명 성중립화장실, 모두를 위한 화장실이다. 다만 스웨덴에서 모두를 위한 화장실은 획기적이고 독특한 시도가 아니라 그저 당연한 것이었다. 그래서 이용하면서 부담스럽게 느껴지지 않았다. 한번 생각해 보면 한국에서도 성중립화장실이라고 이름만 안 붙였지 사실상 모두가 사용할 수 있는 화장실 공간은 있다. 요즘 흔치는 않지만 간간이 식당이나 카페에 들렀다가 발견하게되는 한 칸짜리 화장실. 굳이 성중립화장실이라고 명명하지는 않았지만 그게 바로 누구나 사용할 수 있는 화장실 공간이었다. 또 생각해 보면 집에서도 굳이 성별에 따라 화장실을 분리해놓지는 않는다. 엄마, 아빠, 나 모두 같은 화장실을 분리없이 이용하기 때문. 이미 어렸을 때부터 나는 성중립화장실을 경험해온 것이다.

스톡홀름 중앙역에는 움살라대학교와는 또다른 성중립화장실이 있다. 스웨덴에 있는 대부분의 화장실은 가정집 화장실처럼 한 칸으로 이루어져 있기에 남녀가 동시에 한 공간을 공유하지는 않는다. 하지만 스톡홀름 중앙역은 달랐다. 물론 칸막이는 있다지만 모두가 동시에 한 화장실 공간을 공유하고 있었다. 고속도로 휴게소 화장실 같은 큰 공간 한가운데에는 공용 세면대가 있었고 사방으로 화장실칸막이가 있었다. 일단 남녀 상관없이 화장실 안으로 모두 들어오고나서 각자 빈칸으로 들어갔다 나오는 구조였다. 소변기는 없었다. 그래서인지 꼭 여자화장실을 남녀가 같이 이용하는 것 같았다.

"여기 화장실 쓰는 거 불편하지는 않아?"

한번은 나와 같이 웁살라에서 교환학기를 보내고 있는 한국인 친구에게 물어보았다. 스톡홀름역 공중화장실은 남녀가 동시에 함께 쓰는 공간인데 혹시 불편하지는 않냐고. 그러자 그녀는 "별 생각 안 들었다"고 답했다.

"한국에서 우리가 이런 화장실을 이용했더라면 이상하고 어색하지 않았을까?"하고 다시 물어보니 같은 화장실을 사용하는 사람들이 성별보다는 외국인의 범주 안에서 인식되었기 때문에 그렇게 어색하지 않은 것 같다는 이야기를 했다. 외국이기 때문에 성별이라는 요소가 부각되지 않는다라. 흥미로운 이야기였다.

스웨덴에도 남자화장실과 여자화장실이 따로 분리되어 있는 곳들이 있다. 예컨대 스톡홀름 아를란다 국제공항이 그렇다. 여러 문화권에서 온 사람들이 오가는 국제적인 공간이라 그런 걸까. 아주 일반적인 형태의 공중화장실을 볼 수 있다. 하지만 대개의 경우에는 앞서 이야기한 것처럼 화장실이 개별적인 칸 형태로 있는 경우가 많았다. 스웨덴의 화장실은 성별보다는 개개인의 프라이버시에 초점이 맞추어져 있다. 그래서 이곳에서는 남자들끼리 어색한 침묵의 시간을 보낼 일도 거의 없다.

다시 돌아와 생각해 보면 스웨덴의 경우처럼 개개인의 프라이버시를 존중해 주는 화장실이 일반적인 공중화장실보다 사용하기 편할 수도 있겠다는 생각이 들었다. 그러나 한국에서 나고 자란 나로서는 기존의 공중화장실을 이용하는 것이 여전히 편했다. 그냥 익숙해서 편한 것도 있지만 소변 볼 때 양변기보다 소변기를 사용하는 것이 편해서였다. 그렇기에 만일 한국에도 성중립화장실이 있다면 내가 자주 이용하게 될지는 잘 모르겠다. 특히나 별 생각없이 볼 일 보고 나오는 화장실을 특별한 마음가짐으로 사용하고 싶지는 않기 때문이다. 만일 성중립화장실이 새삼스레 '성중립화장실'이라고도 불리지 않을 정도로 흔해진다면 모르겠지만.

다만 스웨덴에서 새로운 형태의 화장실을 경험하면서 이런 생각이 들었다. 나에게는 편한 화장실이 누군가에게는 불편한 화장실이었을지도 모르겠다는 것. 모두가 편한 마음으로 들어가 개운하게 나올 수 있는 화장실을 생각해 본다.

16.

정원 같은 방을 가진 사람들

 스웨덴에 와서 하나 발견한 특별한 점이 하나 있다. 바로 사람들이 커튼을 활짝 열어 놓고 산다는 것. 밖에서 안이 다 훤히 들여다 보이는데도 사람들은 개의치 않는 모양이었다. 한 번은 왜 사람들이 좀처럼 가리지 않고 사는 걸까 친구들과 이야기해 본 적도 있었다. 서로의 사생활에 관심이 없는 개인주의적 문화 때문일 거라는 얘기도 했고 스웨덴이 비교적 안전한 사회기 때문일 거라는 얘기도 했다. 이유가 어찌 되었든 간에 항상 커튼을 활짝 열어놓고 지내는 이곳 사람들 덕분에 의도치 않게 집 안을 들여다보게 되었다. 정확히는 눈길이 가지 않을 수 없었다. 너무나 근사하게 꾸며놓았기 때문이다.

 칙칙하고 어두운 스웨덴의 겨울을 지내다 보면 우울감에 사로잡히기 쉽다. 그래서일까 이곳 사람들은 실내를 정말이지 밝고 예쁘게 꾸며놓는 것 같았다. 하나같이 전등으로 환한 기운이 감도는 방 안에는 푸릇푸릇한 기운을 뿜어내는 식물들이 자리잡고 있었다.

그렇다. 어느 집을 가든 전등과 식물은 하나씩은 있었다. 웁살라 사람들의 방은 꼭 작은 정원 같다는 생각이 들었다.

'이참에 나도 내 방에 식물을 데려와 키워보면 어떨까?'

기숙사 근처 꽃집 문을 열고 들어가 대뜸 '정말' 기르기 쉬운 식물이 있냐고 사장님께 여쭤보았다. 그러자 익숙한 식물 하나를 추천해 주셨다. 스웨덴어로 'Elefantöra'로 코끼리 귀라는 뜻의 이름을 갖고 있는 동글동글한 식물이었다. 한국에서는 동전풀이라는 친숙한 이름으로 알려져 있다는데 나는 그냥 동글이라고 부르기로 했다. 꽃집에서 동글이를 들고 와 방 한켠에 놓고나니 제법 스웨덴 교환학생의 공간 같은 태가 났다. 그런데 여전히 뭔가가 부족했다. 교환학생 방까지는 왔는데 현지인 방이 되기는 부족하달까. 전등도 있고 식물도 있는데 무엇이 허전했을까? 동글이의 친구가 없었다. 식물 하나로는 정원 같은 방이 될 수 없었다. 그래서 이번에는 천장에 걸 수 있는 행잉 플랜트를 데려왔다. 작은 물방울 같은 잎이 수십 개 얽혀있는 식물을 천장에 걸고 나니 방에 생기가 돋아나기 시작했다.

전구에 불을 켜고 자리에 앉아 방을 둘러보았다. 제법 길거리에서 본 스웨덴 사람들의 집과 비슷한 느낌이 나는 것도 같았다. 아무도 인정하지 않겠지만 고개를 끄덕이며 확신에 찬 한 마디를 내뱉었다.

"이제 나도 스웨덴 사람 다 됐네!"

17.

정원과 밤

 말주변이 없었다. 임기응변에 약했다. 그래서 토론의 '토'자만 나와도 겁이 났다. 대학교 새내기때는 크게 맘먹고 토론 공포증을 극복해 보고 싶었다. 그래서 토론 동아리의 문을 두드렸다. 하지만 여전히 힘들었다. 발언해야할 차례가 오자 얼굴이 붉어지고 입밖으로 아무 말도 나오지 않았던 것이다. 말을 더듬다가 문장을 채 끝맺지도 못하고는 얼버무리기 일쑤였다.

 '대본을 만들자. 그리고 자신감 있는 척 읽어보자!'

 예상질문과 대답을 미리 꼼꼼히 만들어두면 그나마 괜찮았다. 정말 괜찮다기보다는 괜찮아 보였다. 그래서일까 발표를 잘한다는 이야기는 종종 들었다. 열심히 대본을 써두고 그것을 자신감 있는 척 읽은 덕분이다. 발표는 토론과는 달리 일방적인 의사전달이기 때문에 변수가 많지 않았다. 하지만 발표가 끝난 뒤에 질문을 주고받는 시간이 오면 다시 긴장하곤 했다. 자신감 있어 보이던 목소리는 어느샌가 개미굴로 기어들어갔다.

"어… 어…. 다시 말씀해주실 수 있나요?"

스웨덴에서는 유독 세미나식 수업이 많았다. 그 시간이 너무 고통스러웠다. 한국말로도 잘 하지 못하는 토론을 영어로 해야한다니. 그래도 시간이 지날수록 조금씩 괜찮아졌다. 정말 괜찮아졌다기보다는 괜찮아 보이게 되었다. 몰라도 아는 척 뻔뻔하게 구는 법을 배웠기 때문이다. 하지만 그 날은 괜찮아 보이는 것조차 힘들었다. "핵무기와 군축"을 주제로 한 세미나였다. 평소에 잘 알지도 못하는 주제를 영어로 토론해야 한다는 것은 커다란 공포였다. 발표는 가까스로 마쳤지만 질문이 들어오자 패닉 상태에 빠졌다. 내게 무슨 질문을 한 것인지도 모르겠고 당연히 무슨 대답을 해야 할 지 알 길이 없었다. 머리가 새하얘졌다. 제발 이 시간이 빨리 끝나기를 기도했다. 초침 한 번 움직이는 시간이 한 시간처럼 느껴졌다.

"나 모르겠어. 나 영어 못해."

침묵을 뚫고 말했다. 몰라도 아는 척 하는 뻔뻔함은 어디로 다 사라진걸까. 같이 세미나에 들어온 친구들 얼굴 보는 것도 힘들었다. 세미나가 끝나자마자 도망치듯 기숙사 방으로 돌아왔다. 겨울이 가까워져서 그런지 이른 시간인데도 해가 져서 깜깜했다. 방안의 식물들만 내 마음을 알아주는 것 같았다. 랜턴을 키고 피아노 건반 위에 손을 올렸다. 아무것도 하기가 싫었다. 아무 말도 제대로 못하고 기껏 "나 영어 못해"라는 말 뒤에 숨은 내 모습이 싫었다.

하지만 수없이 많이 망친 세미나 중 기껏 하나일 뿐이었다. 앞으로도 망치고 실패할 일들이 수없이 많을 예정이었다. 그때마다 매번 슬퍼하고 힘들어할 수는 없었다.
괜찮아. 그냥 그런거지 뭐. 이것도 지나가는거야. 피아노 앞에 앉아서 흘러가는 대로 연주를 했다.
꽃집에서 데려온 동글이가 음악에 가만히 귀 기울여주는 것 같았다.

18.

미즈키 사부님께 큰 가르침을 받다.

 사실 교환학생을 오기 전에는 패스만 받고 열심히 놀러다니자고 생각했다. 아무리 좋은 학점을 받는다고 하더라도 한국으로 돌아가고 나면 큰 의미는 없었다. 단순히 통과 혹은 미통과로 기록되기 때문. 하지만 막상 스웨덴에 와보니 또다른 욕심이 생기는 것 같았다. 이해가 제대로 되지 않는 채로 수업에 들어가다 보면 속상한 마음이 커졌던 것이다. 어떻게든 수업을 잘 따라가고 싶었다.
 '도대체 무슨 말을 하는지 하나도 모르겠어…'
 얼마 전에는 세미나를 다녀왔다. 토론에 필요한 자료들을 꼼꼼히 읽은 다음에 짧은 스크립트까지 준비해갔다. 순간순간 영어로 말하는 게 힘들다면 대본이라도 미리 써가자는 생각이었다. 하지만 여전히 쉽지 않았다. 안드로메다 행성에 불시착륙한 병찐 감자가 된 기분.
 …여긴 어디 나는 누구…?

이해만 된다면 참 재미있는 수업이 될 것 같은데 따라갈 수가 없으니… 뭐랄까, 뷔페에 갔는데 배탈이 나서 맛있는 음식들을 하나도 먹지 못하는 기분이랄까. 아니 그보다는 접시 위에 군침도는 요리가 있는데도 젓가락질을 못한다고 해야할까. 젓가락질도 제대로 못하는 스스로가 바보같았다.

그 와중에 낙담해있는 내 멱살을 붙잡고 같이 공부하자고 불러준 친구가 있었다.

바로 미즈키.

미즈키도 웁살라에 온 첫학기에 듣기와 말하기가 잘되지 않아서 답답했다고 했다. 한 학기 동안 이곳에서 지내며 일상적인 대화에 필요한 영어 실력은 많이 나아진 것 같지만 여전히 학술적인 내용을 영어로 소화하는 것은 어렵다고 했다.

그녀는 한국말로 '괜차나~~'라고 나를 위로해 주었다. 그리고 함께 공부하자고 했다. 그렇게 쉬는날마다 나는 미즈키와 함께 도서관에 갔다. 공부가 끝난 뒤에는 논문 내용에 대해서 얘기하기도 하고 세미나 질문을 미리 준비해 보기도 했다.

미즈키 선생님이 하드트레이닝을 시켜주신 덕분에 수업을 포기하지 않을 수 있었던 것 같다. 사실 극적인 변화는 없었다. 세미나는 여전히 염라대왕 앞마당에 있는 불지옥처럼 끔찍했고 어서 빨리 끝나기만을 바라는 시간이었다. 그럼에도 견뎠다. 미즈키도 잘 해내고 있는데 나도 할 수 있을 거라고 생각하며.

'제대로 해보지도 않고 도망가지는 말자.'

잘 모르더라도 괜히 자신감없는 티를 내지 않는 법. 당당하게 행동하는 것. 그리고 어려운 것이 있으면 어떻게든 극복해 보려고 노력하는 태도. 바로 미즈키 선생님을 통해서 내가 배울 수 있었던 것들이다. 사실 아직도 배워가고 있는 중이다. 미즈키 선생님께서 내게 주신 가르침은 인생을 살아가면서 꾸준히 울림을 주지 않을까싶다.

"한번 제대로 부딪치고 깨져볼 수 있는 것도 참 감사한 일이야. 그렇지 않아?"

19.

그곳에 오로라는 없었지만,

 스노모빌을 타고 설원을 달린다. 살을 에이는 것만 같은 칼바람이 쓸려온다. 해가 중천에 있어야 할 정오지만 설원 위로는 짙은 회색빛 하늘이 펼쳐져 있다. 꼭 두터운 솜이불로 하늘을 덮은 것만 같아서 답답하다는 생각마저 든다. 사진을 찍기위해 장갑을 벗는 순간 참을 수 없는 고통이 밀려온다. 사진이 어떻게 나왔는지 확인할 엄두가 나지 않는다. 여전히 아린 손을 장갑 안에서 꼼지락꼼지락 녹여본다.
 앞서가던 스노모빌이 멈춰선다. 흐르는 강이 보인다. 영하 10도의 날씨에도 물살이 거세서 얼지 않은 강. 베어그릴스처럼 헤엄쳐 지나갈 수는 없기 때문에 고무보트에 오른다. 거칠게 쏟아지는 물살을 거슬러 노를 젓는다. 개울 너머 숲 속에는 작은 오두막이 있다. 그 안에서 기다리고 있던 사무엘과 조세핀은 걸쭉한 무스 수프와 따뜻하고 달달한 글뢱을 지친 사람들에게 건넨다.

오후 2시가 넘어가자 해는 졌고 이내 사방이 깜깜해졌다. 하늘에는 북두칠성을 비롯한 별자리들이 선명하게 반짝이기 시작했다. 생각보다 맑은 하늘에 혹시나 하는 기대감이 생겼다.

'정말 선명한 오로라를 볼 수 있을지도 모르겠다.'

눈이 소복히 쌓인 길을 따라 강가로 내려갔다. 숲길을 지나 사방이 확 트인 공터로 나오자 흐릿한 형체가 보였다. 명료하진 않았지만 초록색 형체가 넘실대는 것은 분명히 보였다. 오로라였다. 하지만 많이 아쉬웠다. 배부른 소리라는 건 알고 있지만서도. 북극권 마을에서라면 선명한 오로라를 볼 수 있을 거라고 알게 모르게 기대했던 모양이다. 그러나 지금 눈 앞에 있는 오로라는 움살라 성에서 봤던 오로라보다도 옅었다. 밤하늘을 떠다니는 물컹물컹한 해파리처럼 초록빛 형광체는 흐릿하게 아른거리다 이내 사라졌다.

'그래도 오로라를 본 게 어디야.'

아쉬운 마음을 달래며 밤하늘을 향해 별멍을 때리고 있었다. 그런데 순식간에 무언가가 지나갔다. 뭐지? 무언가가 볼펜으로 대충 긋는 것처럼 밤하늘에 짧은 곡선을 그린 뒤 사라졌다. 뜻밖의 순간에 찾아온 우주쇼에 붕뜬 기분이 들었다. 혹시나 기다리다보면 한 번 더 볼 수 있지 않을까 싶었다. 그대로 자리에 누워 밤하늘을 본격적으로 탐색했다. 바닥에서부터는 한겨울의 냉기가 두꺼운 옷을 뚫고 들어왔다. 심지어 그냥 한겨울 냉기가 아니라 북극의 한겨울 냉기였다. 이제 일어나지 않으면 얼어죽겠다는 생각이 들 때였다. 기다림에 대한 보상으로 하늘에서 선물이 내려왔다. 별똥별이었다. 별똥별이 긋는 선을 따라 정확히 시선을 움직였다. 아까 본 것도 분명 별똥별이었겠거니 확인하고는 소원 두 개를 한꺼번에 빌었다. 그곳에 오로라는 없었지만 별똥별이 있었다.

20.

술에 취한 봄날

스웨덴에도 봄이란게 있었나.

절대로 끝나지 않을 것만 같던 겨울을 지나 봄의 실마리가 희미하게 보이기 시작했다. 푸릇푸릇한 이파리들이 돋아나고 해가 늦은 시간까지도 지평선 너머로 들어가지 않는 계절, 봄. 4월 중순까지만 해도 앙상한 가지만 남아있었던 이곳에는 4월의 끝에 이르러서야 겨우 봄이 찾아왔다. 그리고 그런 새로운 계절의 시작을 알리는 축제가 있었으니 바로 발보리(Valborg)다.

발보리는 영원히 지속될 것만 같았던 겨울을 보내고 봄을 맞이하는 날이다. 하지만 그건 교과서적인 정의일뿐 교환학생들에게 발보리는 완전히 다른 의미를 가지고 있었다. 그들에게 발보리는 부어라 마셔라하면서 진탕 술을 퍼마시는 날이었다. 전날부터 술을 마시고 완전히 취한 상태로 발보리 당일을 보내는게 오랜 전통이라나?

79

평소 같았으면 조용히 내뺐을지 모르지만 이게 하나의 문화라고 하니 기쁜 마음으로 술을 마셨다. 다른 나라의 문화를 피부로 느끼고 가는 것은 교환학생에게 주어진 특명이었다. 그래서 식탁 위에 놓인 독한 보드카와 맥주, 그리고 이름 모를 술들을 바룬이 말아주는 대로 받아마셨다. 한 잔, 두 잔, 세 잔…

 봄이 술에 취한건지 술이 봄에 취한건지… 내가 술에 취해서 봄이 온건지 봄이 와서 내가 술에 취한건지… 말짱했던 내가 독한 보드카를 과음해서 오늘밤 톡톡 새싹이 올라온다.

21.

세상에서 제일 행복한 졸업식

푸릇푸릇한 여름이 시작되는 6월 초. 하늘은 파랗고 날씨는 이보다 좋을 수가 없다. 해군제복 같은 하얀색 옷과 모자를 걸친 청년들이 도시 곳곳을 돌아다닌다. 시작의 끝, 그리고 끝의 시작. 바로 고등학교 졸업식을 맞은 학생들이다.

웁살라 도시 곳곳에서 고등학교 졸업파티가 열린다는 소문을 듣고 친구들과 함께 시내로 향했다. 정확히 어디서 언제 무슨 행사가 열리는지도 몰랐다. 도시 전체가 졸업식의 무대가 된다길래 무작정 길을 떠난 것이다. 마을버스에서 내리고 보니 마침 대성당 옆에 깔린 레드 카펫이 보였다.

'여기구나!'

얘기를 나누다 보니 어느샌가 사람들의 수가 불어났고 작은 광장을 한가득 메웠다. 곳곳에는 졸업생들의 아기 때 사진이 붙은 피켓을 들고 온 사람들로 가득했다. 만약 오늘 졸업하는 당사자라면 사진을 보고 무척 뭉클해질 것 같다

는 생각이 들었는데 막상 눈물을 글썽이는 졸업생들은 단 한 명도 없었다. 다들 전날에 '울지않기 연습'이라도 한 걸까. 무작정 신나보이기만 했다. 이들과 전혀 연관이 없는 나만 뜬금없이 눈물을 찔끔 흘린 것 같았다. 다행히도 민망하게시리 나만 운 것은 아니었다. 같이 간 태리도 찔끔 눈물이 나왔다고 했다.

하얀 옷을 입고 하얀 모자를 쓴 학생들이 레드 카펫을 따라 달려나가는 모습을 보며 괜히 나까지 이상한 설렘을 느꼈다. 청춘 영화의 한 장면 같았다. 뭉클한 마음을 품고 뒤돌아서려고 하는데 아직 시작도 하지 않았던 모양이다. 메인이벤트는 지금부터였다. 카펫 뒤쪽에 모여있던 학생들은 하나둘 트럭 위에 탑승했다. 오늘은 트럭을 타고 온 동네를 돌아다니는 졸업생들 덕분에 버스 노선도 바뀌었다고 했다. 여기저기서 노래를 부르는 소리와 환호성 소리, 경적을 울리는 소리가 들려왔다. 트럭 위에 있는 학생들의 모습을 카메라에 담으려고 하자 그들은 경쾌한 목소리로 노래를 부르며 손을 흔들었다. 그보다 더 행복해 보일 수가 없었다.

온 동네가 축제의 장으로 변한 청량한 졸업식 날이었다.

22.

수업을 드랍하자 염소가 말한다.

"수업을 포기할까 고민 중입니다."

제대로 이해가 되지 않아도, 세미나에 참여를 잘 못해도, 질문에 제대로 답을 못하고 쪽을 당해도, 그냥 뻔뻔하게 가서 앉아있었다. 잘 하려는 마음은 내려놓고 할 수 있는 데까지만 최선을 다해보자 그렇게 다짐하고 버텼다. 그런데 인내심이 한계에 다다른 것 같았다.

'더 이상은 못 하겠어.'

이제 남은 것은 파이널 리포트뿐이었다. 리포트만 잘 작성해서 내면 패스를 받을 수 있었다. 하지만 에세이에서 다루어야 할 질문을 읽다가 숨이 턱 막혔다. 내가 제대로 이해하고 있는 내용이 하나도 없는 것 같았다. 번역기를 돌리든 요즘 잘 나간다는 그 콧대높은 챗GPT 선생의 도움을 받든 내 의지만 있다면 어떻게든 결과물을 만들어낼 수는 있었다. 비록 퀄리티는 낮을지 몰라도 말이다. 하지만 결국 도

망치고 말았다. 쉽게 포기하는 버릇을 들이고 싶지 않았지만 픽 고꾸라지고 말았다. 며칠 동안 천장만 바라보며 금붕어처럼 뻐끔뻐끔 눈을 깜빡였다. 어항에 물을 갈아줄 때가 된건지. 어딘가에 꽉 눌려있는 듯한 느낌이 들었다. 당장 내 의지로 할 수 있는 게 없는 것만 같았다.

영어를 초등학교 때부터 10년은 배웠는데 왜 아직도 낯선 걸까. 유럽 친구들은 영어를 모국어처럼 구사하는데 왜 나는 아직도 이놈의 언어가 잘 읽히지도 들리지도 않는 걸까. 아니 그전에 왜 하필이면 영어가 세계 공용어처럼 자리 잡힌 걸까?

당장 내가 안고 있는 문제를 해결할 수 있는 방법은 없었다. 며칠 혹은 몇 주 바짝 열심히 한다고 해서 언어는 늘지 않는다. 조급할 수록 독이 되었다. 한 발자국 물러나 여유를 가지고 다시 천천히 나아가야 했다.

이불 밖으로 나왔다. 축축한 무기력을 빨래처럼 짜내고 햇볕에 말려두기로 했다. 물론 말처럼 쉽지는 않았대도 문을 열고나와 스톡홀름으로 가는 기차에 몸을 실었다. 그리고 무작정 라우센버그의 모노그램이라는 작품이 전시되어 있는 현대미술관으로 갔다. 허리에 타이어를 끼운 염소가 널빤지 위에 있는게 바로 그 '모노그램'이라는 작품이었는데 이유없는 끌림에 한 번 꼭 만나보고 싶었다. 지금 내 무기력함을 치료해줄 수 있는 유일한 존재가 바로 그 염소라

는 생각이 들었는지도 모른다. 미술관 문을 벌컥 열고 들어가자마자 염소를 찾았다.

"혹시 그 염소 어디로 가야 볼 수 있나요?"

하지만 애석하게도 그곳에 염소는 없었다. 전시실을 새롭게 준비하느라 잠깐 옮겨놨다고. 이런. 아쉬운 마음을 꿀꺽 삼키고 미술관을 나섰다. 마음대로 풀리는 일이 하나도 없는 기분. 수업을 드랍하고 염소도 보지 못한 나는 터벅터벅 스톡홀름 시내까지 걸었다. 뒤쪽에서 살랑살랑 불어오는 바람을 타고 염소의 목소리가 내 귀를 간지럽히는 것만 같았다.

"어설픈 위로 받으려고 나를 찾아올 생각하지마. 씩씩하고 당당하게 나를 찾아와~~~~"

염소의 말을 명심하고 다시 힘을 냈다.

23.

봄학기가 끝나고

 봄학기가 끝나고 어떤 일이 있었냐고? 우선 미드소마라는 큰 축제가 있었다. 미드소마는 우리나라로 치면 하지인데 동명의 영화로 우리나라 사람들에게도 잘 알려진 축제다. 그날 스톡홀름에 있는 스칸센에 가서 열심히 놀다왔고 토시가 일본으로 돌아가기 전에 마지막으로 외레브로라는 소도시를 같이 여행 다녀왔다. 참 조엘이 스위스로 돌아가기 전 기념으로 쿼리도에서 송별 파티를 했다. 나한테 술을 너무 많이 맥여서 정말 어질어질해졌더랬다. 어느새부턴가 장마가 시작되었고 6월 초에 봄 학기가 끝나고도 스웨덴에 남아있던 교환학생들까지도 모두 다 집으로 돌아갔다. 스웨덴 학생들이나 석사생들도 긴 여름방학 동안에는 고향을 갔다오기 때문에 쿼리도는 아예 텅텅 비어있었다. 사실상 아무도 없는 쿼리도에서 나 혼자 지냈다.
 "이번 여름방학에 뭐 할 거야? 계획 있어?"

이번 여름방학 계획이 뭐냐고 묻는 바룬과 야드니쉬에게 나는 마냥 한량처럼 보이고 싶지가 않았다. 그래서 이렇게 말했다.

"글쎄… 나 마냥 놀고만 있진 않을 거야. 이런저런 것들을 해볼 생각이야."

그러자 그들은 내 속을 다 읽은 것처럼 말했다.

"꼭 너무 뭔가를 해야 한다는 강박에 빠져있을 필요는 없는 것 같아. 그냥 쉬어도 괜찮잖아. 우리도 그렇고 너희도 그렇고 어쩌면 아시아 사람들은 조금 빡빡하게 살아가려는 경향이 있는 것 같기도?"

가만히 누워서 쉬고 있을 때도 괜히 불편한 이등병의 마음처럼 스웨덴에서도 가만히 있으면 안될 것만 같았다. 너무나 여유롭고 편안한 시간을 보내고 있었는데도 그 시간을 완전히 만끽하지는 못하는 기분이었다. 그래서 글을 쓰기 시작했다. 그리고 피아노를 치기 시작했다. 이곳에서 보고 느낀 것들을 차곡차곡 기록해두고 싶은 마음이 들었다. 사실은 글 쓰고 피아노 치는 것조차도 무척이나 베짱이스러운 행동이긴 했지만 그나마 내 한량스러움을 덜어줄 수 있는 소소한 행동들이었다.

아무도 없는 쿼리도 거실에 나와서 소파에 대자로 누워 있다가 또 비 오는 소리를 들으면서 가만히 멍을 때리다가 부엌으로 가서 초파리 시체로 가득 찬 부비트랩을 한 번씩 갈아주며 시간을 보냈다. 떠들썩하던 쿼리도가 이렇게 조용해지니 허전하기도 했지만 그속에 자리잡은 평화가 나를 편안하게 만들어주었다. 이따금씩 플록스타 8동으로 이사를 간(그러나 아직 방을 완전히 빼지 않아서 쿼리도 키를 갖고 있는) 바룬이 와서 점심을 해먹고는 했는데 그때 말고는 다른 사람을 만나서 얘기를 한 적도 거의 없었던 것 같다.

바룬은 이번에 여행을 떠나면 언제쯤 돌아올 것 같냐고 내게 물었다.

글쎄 일단 비엔나로 가서 친구를 만난 다음에 같이 이스라엘로 갈 계획인데 그다음 일정은 아직 정해지지 않았다. 그래서 대충 7월 20일 언저리에 돌아올 것 같다고만 말했다. 바룬이 7월 말에 완전히 쿼리도에서 방을 뺄 예정이었기 때문에 너무 늦게 돌아오면 그와 이곳에서 함께 보내는 마지막 시간이 짧아질 것이었다. 너무 늦지는 않게 돌아오고 싶었다.

24.

왕주먹만한 달팽이가 기어다닌다…

비가 계속 오는 요즘이다. 날씨가 흐리고 비바람이 참 많이 분다. 천둥번개까지 내리치는데 도리어 분위기가 참 좋다는 생각을 했다. 그래서 일요일엔 어디 나갈 생각을 하지 않고 방 안에서 영화 〈코쿠리코 언덕에서〉를 보며 시간을 보냈다.

거창한 일은 아니지만 비가 계속 내려서 길가에 달팽이가 참 많다는 것은 나를 기쁘게 했다. 이유는 모르겠지만 길가에 달팽이들이 많으면 그날따라 기분이 좋아졌다. 심지어 스웨덴 달팽이는 한국에서 쉽게 볼 수 있는 달팽이와는 다르게 크기가 굉장한 녀석들이 있었다. 증폭기로 크기를 한 대여섯배는 키워놓은 기분이랄까? 게다가 강아지똥처럼 길바닥에 누워있는 민달팽이들도 있었다. 축축한 길 위를 열심히 걸어가는 강아지똥과 주먹만한 달팽이의 모습을 보다 보면 왜인지 웃음이 나왔다.

달팽이 못지않게 길가에는 버섯도 많이 보였다. 크기도 모양도 다른 다양한 버섯이 길가에서 자라나고 있는 것을 보다 보면 또 이유없이 기분이 좋아졌다. 곧 가을이 되면 버섯 채집(Mushroom picking)을 하러 숲 속으로 들어간다고 했다. 웁살라 사람이라면 독버섯과 식용버섯을 구분하는 방법은 상식으로 알고 있는 모양이다. '누가 버섯을 마트에서 사 먹냐'던 7층 할아버지 생각이 난다.

플록스타 1동 앞에는 연보랏빛 꽃과 작은 이끼들이 자리 잡고 있는 거대한 바위가 하나 있었다. 하나의 작은 생태계였다. 그런데 그 이끼 근처에는 숨겨진 버섯도 하나 있었다. 독버섯인지 아닌지는 잘 모르겠지만(아마 단출하게 생겨서 독버섯은 아닐거다) 그 녀석을 발견하고는 보물을 찾은 것마냥 기분이 좋아졌던 일이 떠오른다.

25.

스웨덴 속의 작은 인도

인도 힌두교의 3대 축제 중 하나인 디왈리는 어둠을 넘어선 빛의 승리를 상징하는 축제다. 빛과 관련된 축제인만큼 디왈리 기간 동안에는 오일램프에 밝게 불을 붙이고 불꽃을 하늘로 쏘아올리면서 시간을 보낸다.

바룬이 파티라고 말하긴 했대도 이렇게 많은 사람들이 모일 줄은 몰랐다. 부엌에서는 바룬과 그의 친구들이 바삐 음식을 준비하고 있었고 거실에서는 서로 초면인 사람들이 삼삼오오 모여 앉아서 인사를 나누고 있었다. 어색할 틈도 없었다. 한번씩 현관문에서 초인종 소리가 들렸고 새로운 사람들이 거실 안으로 들어섰다. 스무명의 사람들이 작은 거실을 꽉 채우자 수잔이 사회자가 되어 앞으로 나왔다.
"자 이제 두 팀으로 나누어서 게임을 진행해 볼까 해요!"
사람들이 다 모였으니 디왈리만의 색다른 이벤트를 시작

할 줄 알았다. 그런데 갑자기 왠 대성리 MT 분위기를 내기 시작한 것이다. 우리가 설날이라고 꼭 한복을 차려입고 윷을 던지지는 않는 것처럼 디왈리라고 해서 꼭 전통적인 방식대로 진행될 필요는 없었던 모양이다. 가족들, 친척들, 그리고 친구들과 오랜만에 만나 서로의 안부를 묻고 즐거운 시간을 보내는 것 그것이 디왈리였다. 그렇게 얼떨결에 처음 보는 사람들과 게임을 시작했다. 이마에 붙은 인물의 이름을 맞추는 게임이었다.

다양한 이름이 사람들의 이마에 붙어있었다. 파티의 주최자인 바룬의 이름부터 유명 배우, 가수, 심지어는 소크라테스까지. 대각선 자리에 앉은 스웨덴 친구의 이마 위에는 시진핑도 있었다. 그녀는 이런저런 질문을 던지다가 결정타를 날렸다.

"이 사람 혹시 유명한 독재자야?"

바로 옆에는 중국에서 온 유학생들이 앉아 있었는데 질문을 듣고는 빵 터져버렸다.

분위기가 무르익을 무렵 바룬과 자이언트는 주방에서 갓 완성된 요리를 내왔다. 커리 소스와 난, 그리고 사모사도 있었다. 사모사로 말할 것 같으면 세모낳게 생긴 주먹 크기의 만두인데 속재료로는 야채와 감자 따위가 들어있다. 맛도 좋은데다가 생긴 것도 귀여워서 조금 과장해서 인도여행할 때 하루에 하나씩은 사먹었다. 오랜만에 봐서 참 반가운 녀석이었는데 가만보니 몇 개 없었다. 그래서 사람들이 커리와 난에 정신이 팔려있을 때 사모사부터 냉큼 집어 먹었다. 그다음에 맛본 건 커리. 근데 이 녀석은 상상이상으로 매웠다. 마라탕 맵기 3단계는 거뜬히 되려나. "한국 사람이라면 왠만해서 맵다고 말하지 않아!"라고 떵떵거렸는데 두손두발을 다 들고 말았다. 바룬은 인도 중남부의 방갈로르에서 왔는데 그쪽 사람들은 특히나 매운 음식을 즐겨 먹는다고 했다. 꼭 벌침에 쏘인 것 같은 알싸한 맛이었다. 라스굴라라는 달달한 후식을 입에 넣고나니 조금 살 것 같았다.

파티의 하이라이트는 불꽃축제였다. MT분위기 내면서 게임도 하고 매콤한 커리까지 먹고 나서야 드디어 메인 이벤트가 열린 기분. 오래 기다린 만큼 화려하고 성대…하진 않았다. 디왈리를 너무 특별하게 생각했나 보다. 현관문 앞에 놓인 슬리퍼를 주섬주섬 신고 나와 문앞에 둥그랗게 섰다. 아직 겨울이라고 말하기는 일렀지만 제법 공기가 쌀쌀했다. 잠깐은 견딜만한 정도. 바룬은 사람들에게 작은 스파클라를 하나씩 건넸다. 모두가 불꽃을 붙이자 흔들며 외쳤다.

"Happy Diwali~"

어쩌면 디왈리는 인도가 아니라 스웨덴에 더욱 필요한 축제일지도 모르겠다는 생각을 한다. 이곳의 늦가을은 전 세계 어느 곳보다도 절실하게 빛이 필요하기 때문.

26.

배워도 배워도 끝이 없는 영어

한스*가 영국 친구를 한 명 사귀었다면서 우리 쿼리도로 데려왔다. 그래서 하찮은 요리 실력이지만 군만두와 함께 떡볶이를 만들어서 저녁으로 대접했다. 영국 친구의 이름은 벤. 한국 문화에 관심이 많은 친구였다. 특이사항으로는 매운 요리를 잘 먹음. 유럽 친구들 기준으로 잘 먹는 게 아니라 한국 사람 기준으로도 잘 먹는 편이었다. 일단 나보다는 매운 요리를 확실히 잘 먹었다.

벤은 한스와 나에게 영국식 영어 표현을 몇 개 알려줬다. 예컨대 영국에서는 말끝마다 친근감의 표시로 "mate"을 붙이고 인사할 때는 "Alright mate?"라고 말한다는 것 등등… 또 'Geordi accent'라고 불리는 뉴캐슬 사투리를 알려줬는데 무슨 외계어를 듣는 것 같았다. 마침 저번 학기에 잉글랜

---

* 한스는 애칭이고 사실 본명은 따로있다. 같은 쿼리도에 사는 한국인 형이다.

드 북쪽에서 온 친구와 같은 수업을 들었던 기억이 났다. 분명 같은 영어로 말하는데도 도저히 무슨 말을 하고 있는지 알아들을 수가 없었다. 여전히 영어는 늘 새롭다. 영국 영어? 말할 것도 없다.

이번 학기 우리 쿼리도에는 호주 친구가 새로 한 명 들어왔다. 이름은 잭. 키가 2m 정도는 되어 보이는 체격 좋은 친구였는데 성격이 정말 좋았다. 잭한테도 호주식 영어표현을 하나를 배운 게 있다. "I'm not here to fuck spiders". 의역하자면 시간낭비하기 싫다는 뜻이라나.

목요일에 나는 한스와 함께 핵무기 수업을 가기 전 슈네리케 네이션(Snerikes Nation)에 들러 밥을 먹기로 했다. 그리고 그곳에서 우연히 잭과 걔네 친구들을 만난 거다! 잘 됐다 싶어 한 테이블에 둘러앉아 수프를 먹으면서 이런저런 얘기를 나누게 되었다. 그런데 이 친구들 분명 영어로 말을 하고 있는 것 같기는 한데 무슨 말을 하고 있는지 정말 알아듣기가 힘든 거다. 문자 그대로 교과서처럼 발음해 주는 캐나다 친구 케일라가 그리웠다. 영국 친구들이나 호주 친구들은 특별히 그 친구들이 또박또박 얘기해 주지 않는 이상 이해하지 못할 때가 무척 많았다. 그래서 때론 슬펐다.

생각해 보면 저번 학기에 만난 싱가포르 친구들이랑 같이 있을 때도 그랬다. 분명 영어로 말을 하는데도 묘하게 영어가 아닌듯한 느낌? 영어와 만다린어가 섞여서 별개의 언어를 만들어낸 느낌도 들었다. 그 친구들은 진담 반 농담 반으로 자기들이 하는 언어가 잉글리쉬가 아니라 싱글리쉬라고 했다.

나이지리아 사람들도 분명 영어로 말을 하는데 알아듣기가 힘들었다. 저번 학기에 예춘데가 이야기해 줬던 것처럼 이들은 일반적인 영어가 아니라 영어 크리올을 썼다. 크리올은 특정 언어가 다른 언어와 뒤섞여서 아예 독자적인 언어가 된 것을 가리키는 말이었다. 그래서 분명 영어를 기반으로 한 언어기는 하지만 방언이라 하기에는 다른 점이 너무 많았다.

이렇듯 영어는 워낙 많은 사람들이 세계 곳곳에서 사용하고 있는 언어라 그런지 표현도 다양하고 방언도 억양도 가지각색이었다. 게다가 다른 언어와 접촉하며 새로운 표현이 계속 만들어지기도 하고 아예 다른 언어와 혼합되어 새로운 크리올어를 만들기도 했다. 배워도 배워도 끝이 없는 언어라는 생각이 들었다.

하지만 반대로 생각해 보면… 영어는 내가 이상하게 말을 해도 다 말이 될 수 있는 언어라는 것 아닐까? 콩글리쉬면 어떻고 문법이 이상해 보이면 뭐 어때! 나의 발음과 억양에 자부심을 좀 가지기로 했다.

27.

여름을 이대로 다 보내버릴 수는 없어

"웰컴 투 스웨덴"

스톡홀름 중앙역의 편의점 직원분이 내게 인사를 건냈다. 다시 처음으로 돌아온 기분이었다. 굳이 저번 학기부터 스웨덴에 있었던 교환학생이라고 나를 소개하지 않았다. '고맙습니다'고 답하며 그저 웃었다. 분명 스웨덴의 여름은 겨울과는 딴판이었다. 오후 3시면 해가 지고 깜깜해지는 계절의 스웨덴과 새벽 3시에도 환한 계절의 스웨덴을 누가 같다고 말할 수 있을까?

하루 종일 해가 환하게 떠있는 이곳의 여름은 무척이나 환상적이었다. 물론 미드소마 때 이미 일 년 중 가장 해가 길게 뜨는 시기를 경험했지만 긴 여행을 마치고 돌아온 스웨덴은 또 색다르게 느껴졌다. 스톡홀름의 청명한 하늘은 다정하게 인사를 건넸다. 이제는 어디 가지말고 꼭 여기 붙어 있으라고 내게 얘기해 주는 것처럼.

거대한 직육면체 플록스타 건물과 길바닥에 핀 꽃들, 이끼들, 나무에 걸린 신발들, 무성한 초록빛으로 뒤덮인 산책길, 투박하지만 웅장한 웁살라 대성당, 그 앞에 뜬금없이 서 있는 룬석, 피리스 강가와 자전거 타는 사람들, 여름에만 개장하는 린네의 정원, 미트볼과 링곤베리, 웁살라 센트럼 길거리… 가까이 있어서 그리 특별하게 생각지 못했던 일상적인 풍경이 너무나 소중하고 아름다웠다는 사실을 깨달았다. 여름이 다 가기 전에 그 사실을 알 수 있어서 참 다행이라는 생각.

28.

만약 내가 스웨덴에서 바텐더를 한다면*

금발의 중년 남성이 가게 안으로 들어선다. 큰 키와 다부진 체격을 가진 그는 꼭 베테랑 배우처럼 보인다. 조용히 외투를 걸어두고 자리를 잡은 그는 중후한 목소리로 이렇게 말한다.

"여기 바나나주스 한 잔 주세요. 달달한걸루다가."

근사한 분위기를 확 깨는 말 한마디. 도대체 애도 아니고 왠 달달한 바나나주스라니. 참 독특한 사람이라는 생각이 들었다. 괜히 흥미가 생겨 그에게 말을 붙여본다. 이름은 마틴. 코펜하겐의 고등학교에서 역사를 가르친다고 했다. 스톡홀름에는 왜 왔냐고 물어보았다. 삶이 무기력하단다. 자신감도, 인생의 재미도, 모두 다 잃어버린 것 같다고 얘기했다. 그래서 주말에 무작정 멀리 떠나는 기차를 골라 탔다고

---
* 이 에피소드는 토마스 빈터베르 감독의 영화 「어나더 라운드」(2022)를 각색한 글이다. 정말 혈중알코올농도를 0.05%로 유지하면 삶에 활기가 돌까?

했다.

"돈만 많았더라면 스톡홀름 말고 시칠리아를 갔을지도 모르지."

바나나주스를 한 모금 마시면서 그는 말한다. 자기 수업을 좋아해 주는 학생이 없단다. 단 한 명이라도 반짝이는 눈을 가진 학생이 있었더라면 수업에 대한 열의가 남아있었을지도 모르겠단다. 하지만 의욕이 아예 없어 보이는 학생들 앞에서는 본인도 의욕을 잃지 않을 수 없었다고 했다. 집에 돌아와도 똑같았다. 재미있는 일도 없고 아내와 아들들에게 투명인간 취급을 당하고… 인생이 재미없단 이야기, 자신감이 없다는 이야기, 사람들로부터 무시당하는 것 같다는 이야기… 비슷한 말을 계속 반복하던 그는 갑자기 말을 멈추더니 나를 똑바로 바라보았다.

"내 말 지루하지? 나도 알아. 바나나주스나 한 잔 더 줘. 이제 그만 떠들게."

그를 위로한답시고 어디서 주워들은 이야기를 해준다.

"노르웨이 학자 중에 핀 스콜데루드라는 사람이 있었는데요, 그 사람이 이런 가설을 하나 세웠답니다. 혈중 알코올 농도를 0.05%로 유지하면 사람이 창의적이고 활발해진다! 어때요. 그럴듯하지 않나요?"

"그게 왜?"

"한 번 시도해보는 건 어때요? 알코올."

"나는 살면서 술 마셔본 적 없어."

"이참에 한번 마셔봐요. 그 노르웨이 사람 말이 맞을지도 모르잖아요. 적당히만 술을 마시면 오히려 일상에 활력을 가져다 줄지 모른다니깐요."

"그럼 한잔만 줘봐."

몇 잔째 바나나주스만 마시던 그에게 드디어 위스키를 대접한다. 배우 같은 금발의 중년 남성과 위스키 한 잔은 꽤 잘 어울리는 그림이다. 그런데 이 사람 술을 너무 잘 마신다. 북유럽 사람들이 술에 잘 취하지 않는다는 얘기를 듣긴 했는데 장난 아니다. 순식간에 몇 잔을 내리 비우고 또 다음 잔을 주문한다.

"이 정도면 혈중알코올 농도 0.05%는 충분히 다 됐겠는데요?"

"아니, 아직 완전히 말짱하잖아. 술 별거 아니네. 몇 잔만 더 줘봐."

그렇게 위스키만 수 십 잔을 마신 그는 여전히 취한 기분은 하나도 들지 않는다고 말한다. 그래도 얘기 들어줘서 나름 즐거웠다며 씩씩한 발걸음으로 바를 나선다. 그런데 얼마 지나지 않아 북극곰처럼 생긴 우락부락한 경찰 두 명이 바 안으로 들어선다.

"아까 금발의 중년남자에게 술을 판 바텐더 되시죠?"

"네. 맞는데요?"

"그 사람 요 앞 사거리에서 교통사고를 당했습니다. 따라서 당신도 벌금을 내셔야겠습니다."

"뭐라고요?"

스웨덴에서는 손님이 술에 취해서 사고를 당했을 때 그 손님에게 술을 판 바텐더에게도 사고의 책임이 따른다고 했다. 손님이 명백히 술에 취한 상태였다면 더 이상 알코올을 팔지 말았어야한다는 것.

"아니 본인이 직접 술을 달라고 했는데요?"

"그래도 안됩니다."

...

진작에 눈치 챘겠지만 방금 얘기는 100% 픽션이다. '스웨덴에서는 술을 파는 바텐더한테도 책임이 따른대'라는 친구의 말 한 마디를 듣고 상상의 나래를 펼쳐보았다. 실제로는 어떨지 모르겠다. 다만 바텐더 얘기는 스웨덴이라는 나라가 안전 민감도가 높은 사회라는 인상을 주기에는 충분했다.

스웨덴이 안전에 민감한 나라라는 인상이 든 이유는 하나 더 있다. 바로 보행자 우선주의. 길을 건너려고 횡단보도 앞에 서있는데 차가 멀찍이서부터 속도를 줄이고 기다렸던 것이다. 그냥 그 차만 특별한 줄 알았다. 그런데 몇 주간 지내면서 모든 차가 멀찍이서부터 속도를 줄이고 기다린다는 것을 알게되었다. 뭔가 이상했다. 보행자를 우선하는 문화가 깊게 자리잡힌 것일까? 그 누구도 급해 보이지 않았다. 어째서 안전 민감성이 사회 전반적으로 높을 수 있는걸까. 참 궁금하다. 어떤 문제가 생겼을 때 그에 대한 책임을 확실하게 져야 하기 때문인 걸까?

바텐더마저도 술취한 손님의 안전에 대한 책임이 부여되는 사회. 조금은 과하게 여겨질 수도 있지만 모두의 책임의식이 강조될 때 동시에 모두의 안전이 보장될 수 있는 것은 아닐까 생각해 본다.

29.

한밤중에 바이킹무덤 산책

야드네쉬와 조엘이 방문을 크게 두드렸다. 밤산책을 나가자는 것이었다. 목적지는 '호가'(Håga). 플록스타에서 30분 거리에 있는 언덕이었다. 전해듣기로 호가는 먼 옛날 이 땅을 호령했던 바이킹의 무덤이라고 했다. 조미료가 듬뿍 첨가된 과장된 소문일지도 모르지만 아무튼 위대한 바이킹의 무덤이라는 말에 꽂혀서 언젠가 한 번 그곳에 가보고 싶었다. 야드니쉬와 조엘의 계획은 이랬다. 가로등 하나 없는 숲길을 지나서 바이킹이 잠들어있다는 청동기 시대 무덤까지 오르는 것.

"그런데… 이 야밤에?"

호가를 가는 것까지는 상관없었지만 시간이 문제였다. 벌써 자정에 가까웠다. 나를 놀리기 위한 작당인가 싶어서 몇 번을 다시 물어보았다. '정말 호가까지 밤산책을 간다고?' 하지만 아무리 찔러봐도 조엘과 야드니쉬는 진지해 보였다.

이미 몇 번 나없이 밤산책을 다녀온 적도 있다고 했다. 백야가 시작되고 있기 때문에 괜찮다고. 걱정말라고. 그렇게 말했다. 그래서 반신반의한 상태로 운동화를 신고 자켓을 걸쳤다. 기숙사 문 밖으로 나서니 상쾌한 공기가 나를 감쌌다. 어스름한 빛이 도시를 감돌고 있었다.

주택가 길을 따라 걷다 보면 숲속으로 들어가는 표지판이 나온다. 눈이 쌓였을 때 이 표지판 근처 둔덕에서 조엘과 바룬과 셋이서 썰매를 탔던 기억이 났다. 포대자루를 바닥에 깔고 발을 디디면 언덕 아래까지는 순식간이었다. 고개를 들면 얼굴 위로 분쇄기에서 막 꺼낸 것 같은 얼음이 빙수처럼 쌓여있었다. 하지만 그때의 눈은 다 녹고 이제는 어슴푸레한 달빛만 환하게 쌓여있었다. 계절이 바뀌었다는 사실을 새삼스레 생각했다.

"원하면 휴대폰 랜턴 켜도 돼."

야드니쉬가 정 필요하면 불빛을 비춰주겠다고 말했다. 하지만 괜찮을 것도 같았다. 어둡긴 했지만 칠흑같은 어둠은 아니었다. 나뭇잎 사이로 스며들어오는 달빛에 의지하며 앞으로 나아갔다. 꼭 달빛을 벗삼아 밤길을 걸어가는 우리 모습이 조선시대 선비처럼 느껴졌다. 어디서 위험한 도적떼만 나타나지 않기를 바랐다.

쓸데없는 걱정이 깊어지기 전에 오솔길은 시야가 탁 트인 평지로 이어졌다. 자정이었지만 해가 어렴풋이 지평선에 걸

쳐있었기 때문에 새벽 4시는 된 것 같았다. 사방에서 새들이 울기 시작하고 동쪽 하늘에서부터 붉은 온기가 느껴져야 할 것만 같았다. 하지만 새벽 같은 자정은 고요할 뿐이었다. 바이킹의 무덤 위에 오르사 온 사방이 한 눈에 들어왔다. 낮도 밤도 아닌 애매한 경계 위에 비스듬히 서 있는 기분. 마치 시간이 뒤틀린듯한 낯선 느낌이 들었다.

30.

묻지마 니하오를 아십니까?

 마을버스에 올라탔는데 옷을 멀끔하게 차려입은 한 무슬림 할아버지가 눈에 들어왔다. 스웨덴에 이민자가 정말 많기는 하대도 이렇게 전통의상을 머리부터 발끝까지 제대로 차려입은 사람을 본 일은 없었기에 눈에 확 들어왔다. 그는 발목까지 오는 흰 드레스와 원판같이 생긴 하얀 모자를 머리에 얹고 있었는데 아마 예배를 드리러 가는 길이 아니었나싶다. 그런데 갑자기 그가 나에게 손짓을 했다. '카드를 제대로 안 찍었나? 아니면 가방 지퍼가 열린건가?'

 무슨 볼일이 있나 싶어 가까이 다가갔다. 그러자 그는 다정히 내 어깨에 손을 올렸다.
 '도대체 무슨 일인거지?'
 여전히 감이 오지 않았다. 그런데 그가 나를 보며 씩 웃더니 이렇게 말했다.

"니하오마."

당혹스러웠다. 도대체 어떤 맥락에서 나에게 '니하오마'라고 말을 한 것인지 이해할 수 없었다. 높은 확률로 중국인일 어느 모르는 동양인에게 친근감을 표하고 싶었던걸까. 아님 요즘 중국어를 공부해서 배운 말을 좀 써먹어보고 싶었던걸까. 그렇게 기분이 나쁠 일은 아니었을지 모르지만 그렇다고 썩 유쾌하지도 않았다.

한번은 이런 일도 있었다. 동아리 활동이 끝난 뒤에 레바논에서 온 박사과정생과 우연히 한 테이블에 앉게 되었는데 그는 친근한 스킨십을 하면서 이렇게 물어보는 것이다.

"전부터 궁금한게 있었는데, 나는 동양인이 다 비슷하게 느껴지거든. 혹시 중국인과 일본인과 한국인을 구별하는 방법이 있니?"

그래서 이렇게 대답했다.

"자, 너는 레바논 사람이잖아. 근데 나는 네가 시리아 사람인지 요르단 사람인지 레바논 사람인지 얼굴만 보고 구분 못해. 너는 아마 그 사람들이 어디서 왔는지 구분할 수도 있겠지? 그건 네가 그 문화 안에 속해 있어서 미묘한 차이를 느끼고 구분할 수 있는거야. 내가 중국인과 일본인을 구분할 수 있는 이유를 알겠지?"

그러자 그는 알았다고 했다.

그가 자리를 뜬 사이에 옆에 잠자코 앉아있던 조엘이 운을 뗐다.

"승래, 너 기분 안 나빴어? 제3자인 나도 불쾌했는걸."

처음보는 나에게 스킨십을 하면서 그런 식의 질문을 하는 게 불쾌하게 느껴졌다는 것이다. 생각해보니 그랬다. 이 양반은 기본적인 예의를 몰랐던 걸까. 왜 처음보는 내 무릎을 치면서 그런 곤란한 질문을 한 걸까. 그런데 한편으로는 이런 생각을 해본다. 버스에서 만났던 할아버지나 동아리에서 만난 박사과정생이나 나쁜 의도는 없지만 요즘 사람들 정서를 따라가지 못하는 옛날 사람은 아니었을까. 어쩌면 처음보는 사람에게 스킨십을 하고 스스럼없는 질문을 던지는 것이 친근감과 관심을 표현하는 그들만의 방식이었는지도 모를 일이다. 물론 백번 양보하더라도 처음보는 사람에게 이런 식의 관심 표현하는 것은 그다지 세련되지 않다. 유쾌하지 않다. 하지만 누구나 스스로 인지하고 있지 못한 순간에 인종차별을 할 수 있겠다는 생각이 문득 들었다.

인종차별주의자는 내가 될 수도 있고 당신이 될 수도 있다. 생김새가 외국인으로 보이면 무조건 영어로 말을 거는 것. 동남아시아 출신 아이돌에게 "한국인처럼 생겼다"며 칭찬하는 것. 그런 행동들이 어쩌면 인종차별이 될 수 있지 않을까? 타인을 내 의지로 바꿀 수는 없지만 적어도 나 스스로는 내 의지로 바꿀 수 있다. 그러니 내가 나도 모르는 사이에 인종차별적인 사람이 되지 않도록 늘 경계해야겠다고 다짐해 본다.

31.

수잔 브링크의 아리랑을 기억하세요?

 내가 처음 스웨덴으로 간다고 말했을 때 어른들은 걱정부터 하셨다. 지구 반대편 먼 나라로 떠난다는데 걱정이 드는 것도 당연한 일이겠지만, 막연한 걱정은 아니었다. '수잔 브링크의 아리랑'이라는 영화를 예전에 봤다면서, 한국계 입양인들이 스웨덴에서 온갖 차별을 겪어야 했다는 말씀을 해주셨다. 그래서 아직 스웨덴에는 한국이 가난한 나라라고 생각하는 사람들이 있을 수 있으니 '만만하게' 보이면 안된다고 했다. 내가 괜히 비싸보이는(실제로도 꽤 비싼) 지갑을 중고로 사서 간 이유였다.

 한동안 스웨덴에 대해서 좋은쪽으로만 바라보았다. 이곳은 인종차별 없이 다양한 문화적 배경을 갖고 있는 사람들을 존중하는 사회가 아닐까, 그래서 어떤 면에서 참 이상적인 면을 지닌 사회가 아닐까 생각했다. 하지만 스웨덴은 낙원이 아니었다. 이 사회에서도 차별은 있었고 사회에 제대

로 소속되지 못한 채로 겉돌 수밖에 없었던 이민자와 입양 아들도 있었다.

영화 '수잔 브링크의 아리랑'을 통해서 알 수 있는 것처럼 스웨덴으로 입양된 한국인들은 피부가 다르다는 이유로 차별을 겪어야 했다. 또 직접적인 차별을 당하지는 않더라도 온전히 사회의 구성원으로 속하지 못한다는 소외감을 느껴야 했다. 예전에는 지금만큼 동양인들이 유럽에 많지도 않았을뿐더러 작은 도시에서는 외모가 다른 동양인들을 신기하다는 듯이 바라보는 사람들도 많았다고 한다.

이러한 차별과 소외감을 마주해야 했던 이들은 각자 시기는 다르지만 대부분 자신의 정체성을 찾기 위한 긴 여정을 시작했다. 한국이라는 사회에 관심을 가지거나, 한국어를 배우거나, 직접 한국에 가보거나, 아니면 자신을 낳은 부모님을 직접 찾고자 했던 것이다.

내가 스웨덴에서 한국계 입양인들의 존재를 인지하게 된 것은 이곳에 온지 세달쯤 되었을 때였다. 한국어를 배우고 싶어 하는 스웨덴 친구 시몬을 만났을 때였다. 그에게 왜 한국어를 배우고 싶은지 물어보자 그는 이렇게 답했다.

"한국에서 입양된 친한 친구가 있는데 그 친구는 한국말을 아직 할 줄 몰라. 친구가 한국어를 배우고 싶어 해서 나도 같이 배우고 싶어."

한 번은 고틀란드 네이션의 언어교환 카페에서 이런 일도 있었다. 이국적이면서 동시에 친숙한 인상의 친구를 만났는데, 알고보니 어머니가 한국에서 스웨덴으로 입양된 분이라는 것이다. 그녀와 그녀의 어머니 모두 한국말을 언젠가 꼭 배워보고 싶어 했다.

한국전쟁 이후 한국에서 스웨덴으로 입양된 사람의 숫자는 1만여 명이니 그 수가 결코 적지 않다. 우리에게 잘 알려진 수잔 브링크도 그중 하나였을 것이다. 그녀는 어렸을 때부터 양부모로부터 제대로 된 사랑을 받지 못하고 학대를 당했다. 영화에서는 심지어 이런 대사도 나온다.

"네 눈이 찢어져서 사람들이 네가 쳐다보면 기분이 나쁘대."

"너는 왜 눈을 그렇게 기분 나쁘게 뜨니?"

괴로운 청소년기를 보내고 힘들게 독립했지만 미혼녀가

되어 자살시도를 했을 정도로 그녀는 힘든 시기를 보내야 했다. 종교의 힘으로 시련을 극복한 그녀는 웁살라대학교 종교학과에 입학하게 된다.

수잔이 공부한 대학이 지금 내가 공부하고 있는 웁살라대학이라고 해서 기분이 묘했다. 그녀가 나와 더 가깝게 느껴졌던 것이다. 수십 년 전에 그녀도 이 캠퍼스를 거닐었겠지. 이곳에서 공부하고 사유하고 사람들을 만나며 조금씩 새 살이 돋아나고 상처가 아물어갔겠지.

스웨덴으로 입양된 한국인들의 이야기는 현재진행형이다.

여전히 자신의 정체성을 찾으며 방황하는 수많은 수잔 브링크가 있을지도 모르겠다. 그들을 만나게 된다면 그냥, 한국말로 반갑게 안녕이라고 인사하고 싶다.

"안녕! 요즘 어떻게 지내?"

32.

무엇이 무엇이 똑같을까

다윤네 쿼리도에 자주 놀러 가면서 그 쿼리도 사람들과 이내 안면을 틀 수 있었다. 가장 먼저 친해진 친구는 와니였다. 그녀는 광동에서 자랐기 때문에 광동어를 모국어로 구사했는데 학교에서 수업을 할 때는 표준 만다린어를 사용했기 때문에 만다린어도 유창하게 구사할 줄 알았다. (쉬는 시간에 친구들끼리는 다시 광동어를 썼다고 한다.) 여기서 하나 재미있는 점은 가족들이 중국 북쪽에서 광동으로 이주한 객가(Hakka)기 때문에 집에 있을 때는 그들만의 하카어를 사용한다고 했다. 공적으로 사용하는 언어와 친구들끼리 사용하는 언어와 가족들끼리 사용하는 언어가 다 다르다니 참 신기했다.

벨기에에서 온 친구도 흥미로운 역사를 가진 사람이었다. 그녀는 벨기에에서 태어나 벨기에 여권을 가지고 있었지만 어렸을 때부터 쭉 싱가포르에서 자랐기 때문에 아시아인으로서의 정체성을 강하게 가지고 있었다. 부엌에서 마주칠 때마다 항상 중화요리를 해 먹고 있었던 거다!

지난번에 탈린으로 같이 여행을 떠났던 두이구도 다채로운 과거를 갖고 있었다. 그녀는 터키에서 태어났지만 네팔과 스웨덴에서 중고등학교를 다녔고 터키에서 영어로만 수업하는 사립대학을 졸업하고는 다시 스웨덴에 와서 석사과정을 밟고 있었다.

한국에서 나고자란 나는 친구들의 다채로운 인생사를 들으면서 참 부럽다는 생각을 했다. 여러 가지 언어를 편하게 구사할 수 있고 다양한 문화와 관습을 이해할 수 있는 시야도 열렸다니 부럽지 않을 수가 있나? 하지만 한편으로는 중심을 꽉 잡아 줄 수 있는 정체성과 문화적 기반이 없는 것이 그 사람을 힘들게 만들 수도 있다는 것을 알게 되었다. 필리핀에서 오랜 시간 동안 살았던 지윤에게 "너는 영어와 한국어를 모두 편하게 구사할 수 있어서 부러워"라고 말한 적 있었는데 의외로 내 예상에서 빗나간 대답을 들었기 때문이다. 그녀는 '이중언어자가 되는 것이 마냥 꼭 좋지만은 않다'고 했다. 영어도 한국어도 어느 한 쪽도 완전히 편한 느낌이 들지는 않기 때문이었다. 그래서 때로는 둥둥 떠다니는 느낌이 든다고.

얼마 전에는 미국에서 석사과정을 시작한 선배와 전화 통화를 하며 이런 이야기를 나눈 적 있었다.

"참 안타까운 일인데 여기서는 한국인 학생회가 둘로 쪼

개져있어. 코리안 아메리칸(Korean American)과 코리안 코리안(Korean Korean)으로."

한국에서 온 한국인들과 미국에서 나고 자란 한국인들은 같은 한국인임에도 불구하고 많은 것이 다른 것 같았다. 언어의 유창성 뿐 아니라 사고하는 방식이나 그 문화에 녹아들어 있는 정도까지도 말이다. 어쩌면 코리안 아메리칸들이 코리안 코리안과 스스로를 구분하고 싶어 하는 마음이 있을지도 모르겠다는 생각도 들었다. 파친코를 쓴 이민진 작가가 조심스럽게 추측한 것처럼 어쩌면 '우리가 조금 더 서구화되었고 이 문화에 잘 녹아들었다'라는 심리적 이유 때문에 말이다. 하지만 그렇다고 해서 코리안 아메리칸들이 온전히 미국인으로 받아들여지는 것은 아닌 것 같았다. 외형적으로 동아시아인의 모습을 띄었기 때문이다. 반대로 그들이 한국인으로 온전히 살아가는 것도 쉽지 않을 일이다. 한국말을 완전히 능숙하게 구사하지 못한다면 한국사람들에게 반쪽짜리 한국인, 교포로 받아들여지기 때문이다. 그래서 코리안 아메리칸이라는 새로운 그룹이 만들어진 것은 아니었을까.

선배와 이야기를 나누며 여러 문화에 발을 걸치고 있는 경계 위에 있는 사람들이 가진 고충에 대해서 생각해 보게 된 것 같다. 하지만 중요한 것은 코리안 코리안이든 코리안 아메리칸이든 우리 모두 코리안이라는 사실이다. 하나의 차이점 때문에 서로를 구분하기보다는 하나의 작은 공통점으로도 서로가 연결될 수는 없을까? 차이점보다는 공통점을 먼저 들여다볼 수는 없는걸까? 문득 노래 하나가 떠올랐다.

 무엇이 무엇이 똑같을까…

33.

없는 것보단 낫지만…

움살라에서는 어딜 가나 학교건물 안에 전자레인지가 비치되어 있었다. 왜이리 전자레인지가 많은가 싶었는데 알고보니 도시락을 싸갖고 다니는 학생들이 정말 많았다. 학생들은 점심시간 무렵만 되면 삼삼오오 휴게실에 모여서 전자레인지를 돌렸다. 스웨덴 학생들에게조차 외식비가 살인적인 탓일지 도시락을 싸지 않은 학생을 보는 일이 더 드물었던 것 같다. 그렇다면 난 어떻게 지냈냐고? 처음엔 최대한 도시락을 싸들고 다니려고 노력했는데 끝까지 지속되지 못했다. 그게 인간적으로 너무 귀찮았다…

만일 도시락 없이 학교로 오게되면 어떤 일이 벌어지냐고? 수업시간 내내 배꼽시계가 꼬르륵하고 울려 퍼지는 소리를 온 동네방네 들려줘야 한다. 움살라에는 학식이랄게 딱히 없었기 때문이다. 그보다도 가장 익숙치 않았던 것은 바로 학교에 편의점이 없었던 것이다. 편의점, 카페, 군것질

거리를 할 만한 가게들, 빵집, 학생식당까지 정말 아무것도 없었다. 휴게공간에서 빵과 커피를 같이 팔고 있는 경우는 왕왕 있었지만 그것을 식사로 하기에는 턱없이 부족했다. 심지어 비쌌다. 배는 고프고 먹을만한 음식은 없고 빵 한조각만이 유일한 먹거리지만 그마저도 너무 비싸고… 수업시간 내내 꼬르륵 소리와 사투를 벌이던 나는 쉬는 시간에 참다못해 자판기 앞으로 뛰어갔다. 이 넓직한 건물에서 유일하게 내 배를 채워줄 수 있는 초콜릿바가 있는 자판기였다. 여전히 배가 부르지는 않았다. 하지만 수업시간에 꼬르륵 소리를 내지 않기 위해서라도 입에 욱여넣었다. 자판기라도 있어서 참 다행이라고 생각했다.

그런데 이놈의 자판기. 사실 문제가 참 많았다. 타지에서 몸관리를 잘 못한 나는 잊을만 하면 한번씩 감기몸살을 겪었다. 그래서 쉬는 시간마다 자판기 옆에 있는 음료수 자판기 앞쪽으로 다가가서 따뜻한 차나 커피를 뽑아 마시곤 했다. 커피는 바늘이 콕콕 찔러대는 것 같은 건조한 목구멍을 따뜻하게 적셔주는 생명수였다. 그런데 어느 날은 이런 일이 있었던 거다. 컵도 안 나왔는데 커피가 그대로 흘러나오는 것. 연갈색의 달달한 액체가 그대로 물받이 아래로 사라졌다. 무슨 이런 어이 없는 일이? 고개를 낮추고 머신 안쪽을 뚫어져라 쳐다봤다.

"컵이 없으면 애초에 결제가 안 되도록 세팅해 놓았어야 하는거 아니야??" 씩씩대며 다른 층에 있는 자판기로 향했다. 이번에는 고개를 확 숙여서 안에 컵이 있는지까지 확인을 끝냈다. 분명 흰 컵이 안에 있었다. 앞에 있던 사람이 성공적으로 커피를 뽑아간 것까지 확인한 뒤 카드를 태그했다. '지이잉…' 커피가 준비되는 흥겨운 소리가 들렸다. 그런데 불길한 기운이 감돌았다. 컵, 또 컵이 없었다. 이번에도 컵이 없이 커피만 얄밉게 주르륵 흐르고 있었던 것이다.

"와. 설마 방금 그게 마지막 컵이었던거야?"

슬퍼하고 있는 내 옆에 슬며시 다가와 위안을 건넸던 것은 베리바텐 씨였다. 그녀는 바로 옆에 있는 다른 자판기에서 커피를 뽑아서 내게 건넸다. 덕분에 기분이 한결 나아졌다. 하지만 이놈의 자판기가 괘씸하다는 사실은 여전했다. 사람을 가려받는 건지 자기 기분 내키는 대로 컵에 커피를 담아주는 건지 알다가도 모르겠다. 앞으로는 밥이든 음료든 모두 싸갖고 다니는 게 좋겠다는 생각이 들었다.

34.

도둑맞은 한 시간

"오늘따라 해가 빨리 지는 것 같더라."

 기분탓인가 싶었지만 금세 깨달았다. 서머타임이 끝났다는 사실을. 겨울이 되면 유럽과 한국의 시차가 다시 7시간이 된다는 사실을 알고는 있었지만 막상 직접 당해보니(?) 느낌이 달랐다. 한시간을 도둑맞은 기분이랄까. 해가 갑자기 한시간씩 일찍 퇴근한답시고 사라져버리니 참 얄미웠다.

 서머타임이 종료된 11월은 스웨덴에서 가장 우울하다고 불리는 달이다. 해도 일찍 지고 날씨도 흐리고 하루 종일 세상이 온통 회색빛이고… 거무스름한 나날이 이어지니 자연스레 생체리듬도 바뀌었다. 다들 한두 시간씩은 평소보다 늦게 일어난다고 했다. 그중에서도 쿼리도에서 가장 늦게 일어나는 사람은 나였다. 자랑은 아니었지만 11시, 12시, 때로는 오후 2시가 다 되어서야 이불을 정리하고 공용주방으로 나왔기 때문이다. 야드네쉬는 벌써 점심밥을 먹고 식기를 정리하고 있었다.

"승래. 그래도 10시에는 꼭 일어나야 해."

느지막이 일어나는 나는 늘상 거무칙칙한 하늘을 바라보며 찌뿌등한 기지개를 켰다. 대부분 오후수업이었기 때문에 일찍 일어나야할 동기도 없었다. 씻고 나갈 준비를 하다 보면 어느새 어둠이 찾아왔다. 운이 좋으면 구름 사이로 한 줄기씩 햇빛이 내려오는 순간도 있었다. 꼭 독방에 갇힌 죄수가 문이 열릴 순간만을 기다리는 것처럼 찰나의 햇빛을 기다렸다. 야속하게도 해는 구름 뒤에 숨어서 좀처럼 나올 생각을 하지 않았다.

35.

크리스마스 선물

크리스마스는 웁살라로 돌아와 조용하게 보냈다. 지난 번에 중고거래를 한 폴란드 친구가 책 한 권을 빌려주었는데 집에서 빈둥대면서 끝까지 다 읽었다. 내가 기억하는 한에서는 처음으로 완독한 영어 원서였다. 어렸을 때 영어책 읽는 친구들을 보면서 멋있다고 생각했었는데 이제는 나도 그런 사람이 된 건가 싶어 흐뭇했다. 물론 크리스마스에 따분하게 책만 읽은 것은 아니다. 요리도 했다. 지난번 벤이 만들어 준 칠리 콘 카르네를 따라서 만들어봤다. 다운이는 한 술 더 떠서 본격적으로 연어 파피요트까지 만들었다. 장보고 요리하고 먹고 또 치우면서 하루가 다 가긴 했지만 그런 게 크리스마스가 아닐까. 음식으로 가득 찬 배를 두들기며 흡족한 크리스마스를 보냈다.

아직 학기가 완전히 끝나지 않았는데도 아예 기숙사 방을 뺀 친구들이 있었다. 가족과 함께하지 않는 크리스마스는 상상할 수 없다나. 주로 미국 친구들이 그랬다. 유럽에 사는 친구들은 크리스마스 기간 동안만 집으로 갔다왔다. 벤도 영국에서 가족들과 시간을 보내고 돌아온다고 했다.

웁살라에서 크리스마스를 보내고 나서 며칠 뒤에는 말뫼로 짧은 여행을 다녀왔다. 교환학기 마지막 여행이었다. 말뫼는 북어국처럼 삼삼했다. 깔끔한 북유럽 도시들과 나의 궁합이 잘 맞지 않는 것 같다는 생각을 해보았다. 예테보리도 외레브로도 이번에 방문한 말뫼까지도 스웨덴의 도시들은 뭔가 허전했다. 도파민에 중독이 된 걸까 한국에 돌아갈 때가 되긴 한 걸까 이제는 북적이는 대도시의 활력을 느끼고 싶었다. 돌이켜보면 작년 군대에 있을 때는 16명이 하나의 생활관을 공유했다. 닭장 속의 닭처럼 병들어가던 그때는 그렇게 사람 없는 곳을 외치며 살았는데, 막상 소원대로 인구밀도 낮은 스웨덴에 오니 다시 사람 많은 곳을 찾고 있었다.(물론 닭장보다는 스웨덴이 백배천배 낫다!!) 사람 마음은 참 간사하다.

다소 심심한 말뫼였지만 잊지못할 특별한 순간을 경험한 것도 말뫼였다. 중고서점에서 기념품으로 살만한 책구경을 하고 있었는데 마침 〈삐삐 롱스타킹〉 동화책을 발견한 것이다! 추억의 동화책을 스웨덴 원어로 읽을 수 있다니(번역기는 돌려야겠지만) 냉큼 집어서 자판대로 들고 갔다. 뜻밖에 삐삐 동화책을 발견한 것만으로도 기뻤는데 또 한 번 뜻밖의 일이 찾아왔다. 서점 주인분이 삐삐 인형을 덤으로 주신거다.

"크리스마스 선물이에요. 그냥 가져가요. 메리 크리스마스!"

뜻밖의 선물은 마음을 환하게 밝혀준다.

36.

스웨덴 중고거래사기

 한국으로 돌아가기 전에 처리해야 할 문제가 있었다. 어쩌면 가장 중요한 일이고 가장 골치 아픈 일이기도 했다. 바로 전자 피아노 처분 건. 전기밥솥, 전기장판, 헤어드라이기 같은 물건들은 여차하면 도로 한국으로 가져오거나 주변 친구들에게 그냥 주면 됐다. 부피가 그렇게 크지도 않고 아주 비싼 물건도 아니었기 때문. 하지만 전자 피아노는 얘기가 달랐다. 한국으로 들고 돌아갈 수도 없었고 그냥 남 주기에는 너무 아까웠다. 무조건 팔아야 했다.

 먼저 처음 구입한 악기점에다 문의를 해 보았다. 밑져야 본전이라는 생각으로 중고 피아노를 재구입할 의사가 있냐고 물어봤지만 완곡히 거절당했다. 대신 악기점 매니저는 나에게 페이스북 중고거래를 추천해줬다. 한국으로 택배 부칠 생각도 안 해본 것은 아니다. 하지만 상상을 초월하는 비싼 돈이 들었다. 그래서 하는 수 없이 페이스북을 들어갔다.

과연 누가 내 전자 피아노를 살까 반신반의하면서.

그런데 의외로 글을 올리자마자 바로 구입을 희망한다는 글이 달렸다.

어떻게든 빨리 피아노를 처리하고 싶은 생각에 나도 빠르게 답장했다. 프로필을 훑어보니 구매를 희망하는 사람은 리타라는 이름의 중년 여성이었고 스웨덴 최북단의 키루나에 살고 있었다. 도대체 키루나에서 왜 웁살라에 있는 피아노를 산다고 하는건지 궁금하기는 했지만 뭐 그건 내 알 바가 아니었다. 피아노를 팔기만 하면 될 뿐. 리타 씨는 택배사를 통해서 피아노를 키루나로 옮길 거라면서 택시 기사를 통해서 나에게 현금을 주겠다고 했다. 직거래가 아니기는 하지만 어쨌거나 현금을 받은 뒤에 피아노를 넘기면 되기 때문에 문제는 없겠다고 생각했다. 그래서 알겠다고 했다.

다만 택배비가 필요하기 때문에 택배사에 1000크로나(한화 약 13만원)를 먼저 보내주면 좋겠다고 했다. 나중에 1000크로나까지 포함한 최종 금액을 현금으로 보내주겠다면서. 내가 뭘 굳이 택배비까지 내야 하나 싶으면서도 일단 알겠다고 했다. 여기서부터 이미 잘못되었던거다. 내가 너무 순진했다. 마침 이메일로 택배사로부터 메일이 왔다.

Pay safe card라는 카드를 구입한 뒤에 핀 넘버를 보내라고 했다. 택배사가 보내준 링크를 따라 사이트로 들어가 보니 진짜 있는 사이트였다. 하지만 하늘이 나를 도왔는지 한국에서 가져온 내 카드로 pay safe card를 구매할 수 없었다. 결제가 안 먹힌 것이다. 그래서 내 카드로 구매가 안 된다고 말했다. 그러자 리타는 가까운 편의점에 가면 구매할 수 있으니 가서 사라고 했다. 최대한 빨리해줬으면 좋겠다는 말을 덧붙였다.

다른 사람 기다리게 하고 싶지도 않았고 나 역시도 가능한 빨리 피아노를 처리하고 싶었기 때문에 바로 편의점을 가려고 했다. 근데말이다. 너무 귀찮은 거다. 생각해 보니 자꾸 나보고 이래라저래라 하는 리타라는 사람에게 짜증도 좀 났다. 침대에서 게으름을 부리며 '조금 이따 갈 테니 연락하겠다'고 문자를 보냈다. 일단 그녀는 알겠다고 했다. 그런데 얼마 지나지 않아서 '카드는 샀나요?'라는 문자가 또 왔다. 무척이나 성가셨지만 장도 볼 겸 이번엔 진짜 이카로 내려갔다. 하지만 하늘이 나를 또다시 도왔는지 플록스타 앞 이카는 pay safe card라는 것을 팔지 않았다. 그래서 소득 없이 (손실 없이) 플록스타로 돌아왔다.

리타는 편의점에서 안 팔면 근처 주유소에서도 구매 가능하고 아니면 그 카드를 살 수 있는 다른 편의점에 가 보라고 했다. 가능하면 빨리. 이 지점에서 나는 완전히 폭발했다. 나도 빨리 피아노를 팔고 싶은 사람이고 당신을 기다리게 하고 싶지도 않은데 자꾸 이래라저래라 말하고 재촉했기 때문이다. 그래서 휴대폰을 꺼두고 내 할 일을 했다. 그런데 시간이 조금 지나고나니 생각이란 걸 할 여유가 생긴 걸까. 미심쩍었던 부분들이 하나하나 큰 그림을 만들어갔다.

왜 나를 이렇게 재촉했지?

왜 pay safe card라는 걸 사게 만들었지?

다시 pay safe card의 홈페이지로 들어가 보았다. 홈페이지 자체에는 문제가 없었다. 오히려 '사기에 잘 대처하는 법'까지 따로 적혀있었다. 사기꾼이라면 사기에 잘 대처하는 법까지 적어둘 필요는 없지 않은가. 그런데 여전히 미심쩍었다. 택배사의 메일을 다시 열어보았다. 다시보니 굉장히 조잡해 보였다. 혹시나하고 구글에 검색을 해보니 회사 정보가 없었다. 그래 pay safe card라는 건 안전한 거래 수단이 맞는데 택배사가 뺑이었구나. 카드를 구매하게 한 다음에 핀 번호까지 보내게 해서 그 안에 들어있는 돈을 빼가려는 수법이구나. 모든 퍼즐이 맞춰졌다. 그때 페이스북 메신저에는 알림이 울렸다.

"아직 카드 안 샀나요?"

사기꾼들은 우리의 의심이 확신으로 변하기 전까지의 그 골든 타임을 놓치지 않는다. 빠르게 휘몰아쳐서 생각할 틈 없이 돈을 빼가는 것이다. 특히나 정보가 부족하고 마음의 여유가 없는 사람들은 사기에 취약할 수밖에 없다. 밖에서 보면 너무나 유치하고 조악해 보이는 사기행각도 막상 당사자가 되어보면 당하기 쉽다는 것을 느꼈다. 사기는 당하는 사람이 답답하고 바보라서 문제가 아니라 사기꾼이 영악하고 계획적이라 문제다. 나쁜 건 사기꾼들이다. 전 세계의 사기꾼들은 모두 박멸되어야 한다.

  (결국 피아노는 플록스타 9동에 사는 폴란드 친구에게 직거래로 잘 팔았다. 해피엔딩.)

37.

처음이자 마지막 플록스타 스크림

 새해가 시작되고 한 주 동안 방 정리를 하느라 정신이 없었다. 스웨덴 에브리띵*에 너무 늦게 글을 올린 탓일까 중고거래는 성공적이지 않았다. 팔린 물건이 거의 없었기 때문이다. 하는 수 없이 친구들한테 다 나눠주기 시작했다. 전기장판은 바룬에게, 전기밥솥은 하루나에게, 멀티 어댑터는 파야스에게, 작은 캐리어는 야드네쉬에게, 그리고 식물은 카르멘에게. 남은 식재료들은 봄까지 스웨덴에 남아있는 지윤이에게 건네주거나 공용 선반에 욱여넣었다. 그렇게 한 주 내내 계속 비우고 버리고를 반복했다.

 방 정리를 하면서 동시에 파이널 레포트도 썼다. 미리 써놓을 수 있었다면 좋았겠지만 1월 2일에 시험 문제가 오픈되었기 때문에 선택의 여지가 없었다. 그렇게 집 가기 전까

---

* 스웨덴 에브리띵은 스웨덴 관련 정보를 공유하는 네이버 카페다.

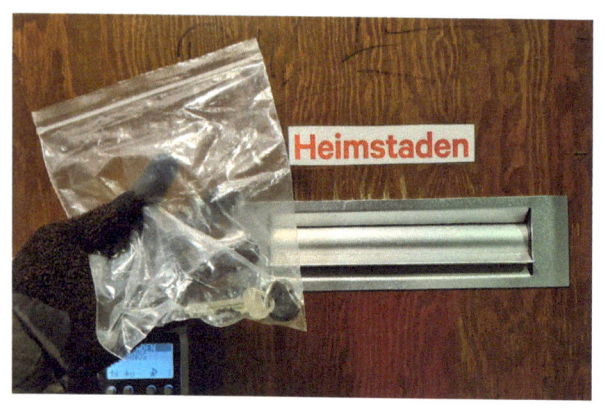

지 방 정리와 레포트에 치여살았다. 사람들과 작별 인사도 해야 했다. 동시에 많은 것들을 신경 써야 하다 보니 생각보다 스트레스를 많이 받았던 모양이다. 입안에는 물집이 잡혔고 팔에는 두드러기가 났다. 어질러져 있는 방 한가운데 앉아 있다 보면 한숨이 푹 나왔고 아무것도 하기 싫어졌다. 그래서 화풀이성으로 물건들을 쓰레기봉투 안에 담기 시작했다. 후련한 마음과 함께 허전한 마음이 동시에 찾아왔다. 1년을 함께한 공간이 이렇게 추억 속으로 사라지는구나.

플록스타에서는 매일 저녁 10시에 학생들이 고함을 지른다. 무슨 이유로 항상 10시에 소리를 지르게 된 것인지는 잘 모르겠다. 학업 스트레스 때문이라는 얘기도 있고 밤 10시까지만 파티가 가능하기 때문에 소리를 한 번 크게 질러주고 쫑내기 위해서라는 얘기도 있다. 다들 저마다의 이유가 있을 것이다. 시험 기간에는 학업 스트레스 때문에 소리를 지르고, 친구들과 함께 저녁을 먹다가 신이 나서 소리를 지르기도 하고, 그냥 지르고 싶어서 지르고, 남들이 지르니까 지르고, 아무도 안 지르니까 허전해서 지르고…

그런데 어떤 이유에서건 1년 동안 플록스타에 살면서 제대로 소리를 질러 본 적이 없었다. 아니 애초에 살면서 소리를 제대로 질러본 적이 없었던 것 같다. 목소리가 얇아서 소리 지르는 것을 괜히 꺼리며 살아왔다. 늘 친구들이 소리 지르는 것을 옆에서 지켜만 봤다. 하지만 플록스타에서 보내는 마지막 밤을 이대로 보내버리고 싶지 않았다. 누구보다도 크고 격렬하게 소리를 질렀다.

아아아아악!!!

옆에 있던 친구들은 내가 소리를 너무 못 지른다고 웃었다. 내가 소리를 지를 때 괴상한 소리가 난다는 사실은 진작부터 잘 알고 있어서 아무렴 상관없었다. 다만 마지막 플록스타 스크림을 시원하게 지르고 갈 수 있어서 무척 좋았다.

바룬은 우리에게 좋은 소식을 하나 알렸다. 취업에 성공했다는 것이다!

비자가 연장되지 않아서 걱정을 많이 해왔는데 정말 잘된 소식이었다. 하지만 좋은 소식에는 슬픈 소식 하나가 같이 딸려왔다. 바로 예테보리로 집을 옮겨야 한다는 것. 그것도 이르면 다음 주에. 하나 둘 웁살라를 떠나가는 친구들을 보며 한 시절이 끝나가고 있다는 것을 느꼈다. 그리고 이제는 작별해야 할 시간이 왔다는 것을 체감했다. 곧 보자는 말을 마지막으로 버스 정류장에서 바룬과 인사했다. 나를 괴롭혔던 파이널 레포트는 웁살라를 떠나는 날 새벽에 제출했다. 이놈 때문에 끝까지 고생이었다. 레포트를 제출하고 잠깐 눈을 붙이고 일어나 키를 반납하러 함슈타덴(Heimstaden) 사무실을 들렀다. 그리고 곧장 알란다 공항으로 가는 801번 버스에 몸을 실었다.

38.

긴 꿈을 꾸고 돌아온 것 같아

 돌아왔다. 2023년 1월 12일에 스웨덴으로 출국해서 이듬해 같은 날에 한국으로. 딱 1년 만이었다.
 "교환 생활 어땠어?"
 "해외에 살면서 새롭게 느낀 게 있니? 변한 점이 있어?"
 무슨 답을 해야 할지 몰라서 망설였다. 시야가 넓어졌다거나 여유가 생겼다는 말은 상투적이라 하고 싶지 않았다. 그런데 막상 상투적인 표현들을 빼고 나니 할 말이 정말 없었다. 그래서 곰곰이 생각하다가 이렇게 말했다.
 "글쎄… 잘 모르겠네…"
 서울에서 1년만에 만난 친구는 나를 보자마자 이렇게 말했다.
 "정말 너는 변한 게 하나도 없다!"
 내가 생각하기에도 1년 전의 나와 지금의 나를 비교했을 때 달라진 점이 많은 것 같지는 않았다. 누군가에게는 교환

생활이 인생의 전환점이 될 정도로 큰 자극이라던데 나에겐 그 정도로 큰 자극이었을까 싶었다. 하지만 지금 당장 변한 게 없어 보인다고 해서 그걸로 끝은 아닐테다. 스웨덴에서 보냈던 시간이 앞으로의 내 삶에 크고 작은 영향을 미칠 것은 분명하기 때문이다.

"지금 당장 변한 건 잘 모르겠는데 앞으로 조금씩 변하게 되지 않을까?"

익숙했던 한국이 낯설게 보인 순간에 대하여

한국에 도착해서 맨 처음 느낀 변화는 낮의 길이였다. 4시만 되어도 완전히 어둠에 잠기던 스웨덴에서와는 달리 한국에서는 6시까지 해가 떠 있었다. 스웨덴 특유의 흐리고 우중충한 하늘도 여긴 없었다. 구름 한 점 없이 맑고 푸른 하늘이었다. 숨통이 트이는 것 같은 기분이 들었다. 마을버스도 달랐다. 스웨덴에서는 항상 출입구가 낮은 저상버스를 타고 다녔는데 동네 마을버스에는 계단이 있었고 휠체어를 탄 사람이 앉을 수 있는 좌석은 없었다. 다만 서울 도심에는 간간이 저상버스가 보였다. 한국을 떠나오기 전과 달라졌던 점이다.

화장실도 달랐다. 한국의 대중 화장실은 성별에 따라 화장실이 분리되어 있었고 10크로나씩 돈을 내고 들어갈 필요도 없었다. 물론 스웨덴 사람들도 제 돈 내고 화장실에 들어가진 않았다. 다들 앞사람이 나오기만을 기다리다가 바통 터치를 했다. 그래서 제 돈 내고 화장실 들어가는 사람이 바보처럼 보일 정도였는데 그 바보가 바로 나였다. 하지만 한국은 화장실이 공짜였다. 그것 참 좋았다.

서울에 도착하자마자 미용실에 가서 머리를 잘랐다. 그런데 디자이너의 손이 빠른 것도 스웨덴에서와는 달랐다. 스웨덴뿐 아니라 유럽의 어느 미용실을 가도 항상 디자이너분들의 손은 느렸다. 왜 유독 한국 헤어 디자이너들의 손이 빠른 걸까? 그리고 생각해 보면 스웨덴에서는 바버샵을 운영하는 사람들 중에 아랍계 사람들이 특히 많았다. 하지만 한국에서는 애초에 아랍계 사람들이 잘 없었다. 명동 같은 관광지에 가면 히잡을 쓰고 돌아다니는 무슬림 관광객들은 심심찮게 볼 수 있었다. 아마 인도네시아나 말레이시아와 같이 비교적 가까운 나라에서 온 사람들인 것 같았다. 그러나 북아프리카 마그레브 3국(모로코, 알제리, 튀니지)이나 서남아시아(레바논, 이라크, 시리아 등)에서 온 사람들은 많지 않은 것 같았다. 그래서일까 한국에서 마주한 아랍 문화는 여전히 낯설게 느껴지는 것 같았다.

스웨덴에서 지내면서 가장 아쉬웠던 것은 바로 길거리 음식 문화였다. 스웨덴에는 길거리 음식 문화랄 게 딱히 없다. 기껏해야 편의점 소시지나 서브웨이 샌드위치, 케밥이나 팔라펠 정도가 길거리 음식이라면 길거리 음식이다. 크리스마스 마켓 정도는 열려야 군것질할 만한 음식을 길 위에서 사 먹을 수 있었다. 하지만 한국에서는 내가 사랑하는 떡볶이를 파는 분식점들이 도처에 널려 있고 심심찮게 붕어빵이나 풀빵, 호떡, 꼬치구이를 파는 포장마차들을 곳곳에서 발견할 수 있었다. 길거리 음식 문화가 너무 그리웠다.

더군다나 스웨덴은 외식을 하는 것이 너무 힘들었다. 비싼 것 치고 맛있게 먹을 수 있는 음식도 많지 않은 데다가 하나같이 일찍 문을 닫았기 때문이다. 웁살라에서는 저녁 여덟 시만 되어도 웬만한 식당과 가게가 다 문을 닫아서 시내가 썰렁했다. 다들 일찍 문을 닫고 가족들과 시간을 보내러 간다나. 소비하는 사람 입장에서는 답답한 면이 있었는데 일하는 사람 입장에서는 좋을 수 있겠다는 생각도 들었다. 스웨덴에서는 늦게까지 일하거나 밖에서 시간을 보내는 것이 생소하게 여겨졌기 때문이다.

참, 1년 만에 돌아온 한국은 물가가 정말 많이 올라있었다. 한국 물가 많이 올랐다는 말이 그냥 하는 말인 줄 알았는데 6, 7000원 하던 음식이 9,000원 정도로 오른 것을 보고는 깜짝 놀랐다. 대학가 월세방도 상상 이상으로 비쌌다. 학교 인근 부동산을 돌아다니며 발품을 팔다가 예상보다 비싼 방값에 눈이 휘둥그레졌다. 오래된 건물에 좁디좁은 창문을 가진 방들도 북유럽의 넓직한 기숙사 방보다 비쌌다. 스웨덴 못지않게 호락호락하지 않은 물가를 맞닥뜨리며 한국이라는 새로운 현실에 착륙했다는 사실을 체감했다.

긴 꿈을 꾸고 돌아온 것 같아

Ep.1

바다가 숨 쉬는 소리

 바다가 숨쉬는 소리를 들어본 적 있나요?

 한동안 머레이 셰이퍼라는 작곡가가 내세운 '소리풍경'(Soundscape)이라는 개념에 푹 빠져있었다. 절에 가면 들을 수 있는 풍경소리는 알겠는데 그래서 소리풍경은 뭘까?

 소리풍경은 사람을 둘러싸고 있는 청각적 풍경을 의미한다. 따라서 풍경소리도 하나의 소리풍경이 될 수 있다. 말장난같지만 풍경소리는 절에서 들을 수 있는 소리풍경의 일부기 때문이다. 바람을 따라 처마 밑에서 들리는 풍경소리, 숲에서 들려오는 새소리, 맑은 목탁소리, 그리고 간간이 들리는 스님들의 말소리. 그것들이 사찰의 풍경소리를 이룬다. 거제 몽돌해변에서 들을 수 있는 풍경소리는 또 다르다. '쏴~'하고 들이닥치는 파도 소리, 파도가 빠져나갈 때 잘그락대며 몽돌이 부딪치는 맑은 소리, 갈매기들이 우는 소리…

 셰이퍼는 지역마다 특색 있는 소리 환경이 점점 사라지

고 기술이 발전하면서 어딜 가나 비슷한 소리를 들을 수 있게 되었다고 말했다. 런던, 뉴욕, 파리, 서울⋯ 그가 느끼기에 도시의 소리풍경은 어딜가나 별반 다르지 않았다. 그래서 그는 소리 환경의 오염을 바로 잡아야 한다고 말했다. 소리환경의 오염이라. 그 얘기를 들으니 잠들기 전 침대에서 늘 들었던 소리가 떠올랐다. 머리를 뿌연 회색빛으로 가득 메웠던 그 소리. 바로 경부고속도로 위로 지나가는 자동차들이 만들어내는 진동음이었다. 밤낮없이 자동차들은 쌩하고 도로를 지나갔다. 그래서 방 안에서 듣는 소리풍경은 꼭 매연으로 가득 차있는 것만 같았다.

셰이퍼는 그 지역만의 독특한 소리 정체성을 되찾아 나가야 한다고 말했다. 자다르 해변에 있는 파도 오르간은 셰이퍼가 이야기한 '독특한 소리정체성'에 딱 부합하는 예시였다. 파도가 들어올 때면 바다에 설치된 오르간으로 공기가 들어오면서 소리가 났는데 단순히 그 소리가 아름다울 뿐 아니라 아드리아해의 시각적 풍경과 조화를 이루고 있어서 인상적이었다. 꼭 자다르의 바다가 숨쉬는 소리를 듣는 기분이었다.

해가 완전히 지고 난 밤에 다시 한 번 파도 오르간을 찾았다. 혼자, 천천히, 오랜 시간 파도 오르간의 소리에 귀 기울이고 싶었기 때문이다. 일몰 때보다는 덜하지만 여전히 많은 사람들이 오르간 주변에 앉아있었다.

바다가 술 짓는 소리

파도는 잔잔히 때로는 거세게 숨을 쉬었다. 달 윤슬을 바라보며 듣는 밤의 오르간 소리는 유난히 깊었다. 마침 조지 크럼(George Crumb)이라는 할아버지의 음악이 떠올랐다. "Vox Balanae"(Voice of Whale). 고래의 목소리라는 이름의 음악. 실제로는 한번도 고래의 숨소리를 들어본적 없지만 크럼의 음악을 들으며 상상했다. 거대하고 신비로운 생명체가 내쉬는 깊은 울림을. 자다르의 밤바다는 고래의 숨소리처럼 천천히 숨을 들이마시고 내쉬길 반복했다. 꼭 말없는 위로를 건네오는 것 같았다.

계절과 시간에 따라 파도 오르간은 미묘하게 다른 연주를 들려줄 것이다. 겨울의 바다는 또 어떤 음악을 들려줄까.

Ep.2

숨겨둔 애인은 없지만

"폴란드에 숨겨둔 애인이라도 있는 거 아니야?"*

너무 자주 폴란드를 방문한 탓에 '폴란드 명예 홍보대사'로 위촉되었다. 처음에 폴란드를 갔던 이유는 단순했다. 스카이스캐너 최상단에 항상 폴란드가 있었기 때문. 스웨덴에서 가장 싸게 갈 수 있는 곳이 바로 폴란드였다. 발트해를 건너 한 두 시간이면 도착하는 그 매력적인 땅은 심지어 물가도 저렴한 편이었다. 그래서 서울과 강릉을 오고가는 기분으로 주말에 훌훌 폴란드를 찾았다. 비록 숨겨둔 애인은 없었지만 사실 숨겨둔 만두는 있었다. 바로 피에로기. 귀여운 이름을 가진 피에로기는 감자와 치즈 그리고 고기를 속재료로 만들어진 폴란드식 만두다. 부드럽고 꾸덕한 맛이 중독적이었기에 폴란드에 갈 때마다 한 번씩은 찾아 먹은

---

* 진짜 애인은 스웨덴에 잘 있었다.

것 같다. 스웨덴으로 돌아오는 공항에서도 피에로기를 사서 가방에 눌러 담곤했다.

 그런데 사실은… 피에로기가 특별히 맛난 만두는 아니었다. 편의점에서 파는 냉동만두가 더 맛있을지도. 그렇다면 왜 피에로기에 푹 빠졌냐고? 그냥 생긴게 귀여워서 그랬다. 꼭 내용보다 겉표지가 마음에 들어서 가판대 위 책을 집어가는 것처럼.

 하지만 귀엽게 생긴걸 좋아하는 게 죄는 아니잖아?

Ep.3

유대인 가족들과의 저녁식사

"유대교에는 안식일(Shabbat)이라는 게 있어."

안식일 당일인 금요일 오후부터 다음날 토요일 저녁까지는 이스라엘의 모든 대중교통이 운행을 멈추고 가게도 다문을 닫는다고 했다. 그래서 금요일과 토요일에 어디로 이동을 하려거든 할증료가 붙은 비싼 택시를 타고 이동해야 했다. 그런데 생각을 해보니 예루살렘을 방문하는 기간 동안 하필 금요일과 토요일이 껴있는 것이었다.

오래 방문하는 것도 아니고 딱 나흘 동안 예루살렘에 있을 예정인데 그중에 안식일이 껴있다니 청천벽력 같은 소식이었다. 금요일 오후부터는 이도 저도 못하고 숙소에 발이 묶여 심심하게 있겠구나 생각했다.

그런데 예상치 못하게도 안식일 저녁에 에어비앤비 호스트 가족분들께서 우리에게 저녁식사를 함께 하자고 전화 주셨다. 덕분에 가족분들과 함께 안식일 저녁을 심심하지 않게 보낼 수 있었다. 뜻밖의 귀중한 경험이었다. 저녁식사 자리에는 우리를 초대한 유대인 부부와 쌍둥이 딸들, 아들, 할머니, 이웃 부부 그리고 브라질에서 온 유대인 부부가 있었다.

내 옆자리에 앉은 쌍둥이 언니는 이제 갓 19살이 되었는데 이미 1년간 군대에서 복무한 여군이었다. 앞으로 1년을 더 복무해야 하는데 3년 더 연장 계약하고 싶다고 했다. 한국을 비롯한 대부분의 나라에서 여성은 의무복무를 하지 않는다고 말하자 도리어 신기하다는 반응을 보였다. 이 자리에 우리를 초대한 부부는 아예 군대에서 만나 결혼에 골인한 케이스라고 했다. 이스라엘에서는 이렇게 밀리터리 커플이 정말 많다고.

종교의식을 짧게 치르고 나서 본격적으로 저녁식사가 시작되었는데 다른 사람들처럼 우리도 유대교식 모자인 키파를 쓰고 식사하느라 고생을 좀 했다. 좀처럼 익숙치가 않아서 종종 머리 위에서 모자가 흘러내렸던 것이다. 그래도 애쓰는 모습을 다들 귀엽게 봐주셨다.

그나저나 예상치 못한 문제가 하나 더 있었다. 한 테이블 위에서는 히브리어, 영어, 아랍어, 포르투갈어, 그리고 한국어까지 총 다섯 개의 언어가 오고 갔던 것이다. 브라질에서 온 유대인 부부는 히브리어를 사용하지 못해서 다른 언어를 사용했는데 아내분은 포르투갈어만 할 줄 아셔서 주로 남편

분과만 의사소통을 했고 남편분은 집주인 분과 뜬금없게도 아랍어로 대화를 했다. 히브리어와 아랍어 사이에 많은 공통점이 있다나. 그 외 다른 가족분들은 히브리어로 대화를 하다가 다른 손님들과 얘기할 때는 영어를 사용했다. 무슨 말인지 모를 때면 우린 그냥 방긋 웃었다.

예루살렘의 안식일 풍경

길거리가 텅 빈 유대교의 안식일에도 예루살렘 동쪽의 아랍 지구는 사람들로 활기가 가득했다.

검은 정장을 입은 유대인들로만 가득 차 있던 서예루살렘의 버스와는 상반되게 동예루살렘의 아랍 버스 안에는 조금 더 큰 모자를 쓴 팔레스타인 무슬림들로 가득 차 있었다. 딱히 국경선이 있는 것도 아닌데 5분만 걸어 나오면 완전히 다른 세상이 눈앞에 펼쳐져 있었던 것이다. 서예루살렘과 동예루살렘의 시간은 다르게 흐르고 있었다.

올리브산 위에서 예루살렘 올드타운을 내려다보다 우연히 저 멀리 분리 장벽이 보였다. 이스라엘과 팔레스타인에 와서 분리 장벽을 꼭 보고 싶었는데 예기치 못한 순간에 거대한 장벽이 눈에 들어왔다. 뱀이 구불구불 기어가는 것처럼 길게 이어져있는 거대한 장벽을 바라보니 기분이 이상해졌다. 동예루살렘 토박이라는 팔레스타인 택시 기사님이 말씀하시기를, 베들레헴은 예루살렘에서 정말 가까운 곳에 있지만 분리 장벽 때문에 멀리 돌아가야 한다고 했다. 네 차례의 중동전쟁과 두 차례의 인티파다를 거쳐 2002년부터 테러를 막는다는 명분으로 세워진 거대한 분리 장벽. 팔레스타인 사람들은 아이를 출산해야 하는 급박한 상황에서도 바로 앞 병원을 가기 위해서 체크

포인트를 지나야 했다.

베들레헴의 뱅크시 호텔 안에 마련된 전시를 보면서 이스라엘과 팔레스타인의 국경이 명확하게 나누어져 있는 것이 아니라는 것을 알게 되었다. 원래는 팔레스타인의 땅이나 이스라엘인들이 집단 거주촌을 형성해서 사실상 이스라엘의 땅으로 굳어지는 경우도 있었고 팔레스타인 땅 안에서도 이스라엘이 군사권과 행정권을 모두 행사하는 지역이 있었다. 또 분리장벽은 정확한 국경 경계 위에 세워진 것이 아니라 팔레스타인의 땅 안에도 세워진 것이었다. 팔레스타인은 여러 개의 파편처럼 나누어져 마치 이스라엘 안에 개별적으로 떠 있는 섬 같았다. 그래서인지 이들의 여권은 굉장히 복잡할 수밖에 없었다. 이스라엘 시민권을 가진 팔레스타인인, 가자지구의 팔레스타인인, 망명 중인 팔레스타인인, 웨스트뱅크의 팔레스타인인 등…

다시 예루살렘을 돌아가는 버스를 기다리는데 좀처럼 버스가 올 생각을 하지 않았다. 정류장에 앉아있는 사람들에게 물어봤지만 제대로 소통이 되질 않았다. 히잡을 둘러쓴 앳된 얼굴의 여학생들이 어떻게든 우리에게 도움을 주려고 했지만 역시나 말이 통하질 않았다.

'아랍어를 할 줄 알았더라면…'

조급해 보이는 택시 기사들이 우리에게 접근해서 예루살렘까지 데려다 주겠다고 했다. 이미 마지막 버스는 떠났으니 택시를 타야만 한다고. 어떻게든 바가지를 씌우려는 속셈이 훤히 보였다. 그래도 유일하게 말이 통하는 사람이 그들이었기 때문에 경계하면서도 내치지는 못하고 있었다.

'어쩌면 정말 마지막 버스가 떠난걸까?'

그때 231번 버스가 정류장 앞으로 나타났다. 오늘 운행하는 마지막 231번 버스. 다행이다. 버스안에 올라타 안도의 한숨을 내쉬었다. 그런데 얼마가지 않아 고속도로 톨게이트에서 버스가 멈춰서더니 탑승객들을 모두 내리게 했다. 이게 무슨 일이람? 갈 때와는 달리 팔레스타인에서 이스라엘로 다시 넘어올 때는 간단한 여권 검사를 했다. 안 그래도 분리 장벽 때문에 빙 돌아가야 하는데 여권 검사까지 한다니. 팔레스타인 사람이라면 무척 불편하겠다 싶은 생각이 들었다.

…

예루살렘은 모순적인 것들이 기묘하게 공존하는 도시였다. 지금 당장 터져버려도 이상하지 않을 용광로 같았지만 기묘하게도 평화가 유지되고 있는 곳이었다. 예수님이 십자가에 못 박히신 거룩한 무덤 성당은 아랍지구 한 가운데에 있었다. 해질 녘이 되자 성당 안은 무슬림들의 아잔* 소리가 확성기를 통해 가득 울려퍼졌다. 유대교의 성지인 통곡의 벽 역시 팔레스타인 사람들이 사는 동예루살렘 안에 있었다. 유대인들의 거주 지역과 동떨어진 아랍인들의 거주 지역 안에. 그래서 통곡의

---

* 아잔은 이슬람교에서 기도시간 전마다 낭송하는 외침이다.

벽은 이질적인 분위기를 자아냈다. 무슬림들의 성지인 황금 돔은 유대인들과 기독교인들의 성지와는 달리 무슬림들의 아랍 지구 안에 있기는 했다. 그럼에도 여전히 이스라엘이라는 유대인들의 나라 안에 있었기 때문에 섬처럼 느껴졌다. 황금 돔 앞에서는 이스라엘 경찰이 총을 들고 서서 통행을 제한하고 있었다. 상징적이었다.

예루살렘이 이질적으로 느껴졌던 이유는 하나가 더 있다. 바로 성스러움과 세속적인 것이 공존한다는 점이었다. 성스러운 골고다 언덕으로 올라가는 길목에는 조악한 십자가 기념품을 파는 상인들이 진을 치고 있었다. 그들은 어떻게든 바가지를 씌우려고 여행객들을 몰아세웠고 언제까지 구경만 하고 있을거냐며 다그쳤다. 한편 예수님이 십자가에 못박힌 바로 그 자리에서는 신혼여행 분위기를 물씬 풍기는 드레스를 입고 사진을 찍는 사람이 있었다. 성스러운 장소가 관광화되고 특별한 경험이 상품화되는 곳. 예루살렘의 민낯이었다.*

---

* 나홀간 예루살렘에서 묵은 숙소는 유대인 지구 한 가운데 있었는데 그래서 주위를 둘러보면 문자그대로 '나 빼고 다 유대인'들이었다. 꼭 다른 행성에 착륙한 것만 같은 기분이 들었다. 온통 검은색 옷을 입고 다니는 정통 유대인 하레디들이 많았는데 간혹 더워서 그런지 모자랑 자켓은 벗고 다니는 사람들도 있었다. 혹은 키파만 캐주얼하게 쓰고 다니는 유대인들도 종종 보였다. 대여섯 살쯤 되어 보이는 꼬맹이들도 개성 있는 키파를 하나씩 쓰고 구레나룻을 구불구불하게 기르고 다녔는데, 너무 독특하고 귀여워서 시선을 자꾸만 빼앗겼다. 이들은 하루 세 번 벽 앞에 서서 앞뒤로 몸을 흔들며 기도를 했다.

Ep.4

이스탄불의 진정한 주인은 개일까 고양이일까?

 이스라엘을 빠져나오니 온몸의 긴장이 풀리는 것 같았다. 됐다. 이제 걱정할 일은 없다. 그런데 예루살렘에서 에어컨 바람을 잘못 쐰 탓일까 아니면 긴장이 너무 한번에 풀려버린 탓일까. 기침이 조금씩 나오기를 시작하더니 이내 몸살 기운이 완전히 덮쳐버렸다.

 돌아다닐 수 있는 기력이 한 줌도 남아있지 않았기에 하루 종일 호텔 침대에 누워있었다. 다행히 창문 밖으로 〈마녀 배달부 키키〉를 연상케하는 푸른 바다가 그림처럼 펼쳐져 있어서 답답하다는 기분은 들지 않았다. 자다가, 잠깐 일어나서 바다를 보다가, 다시 잠자리에 들었다. 해가 질 무렵이 되자 가까스로 기력을 회복한 나는 검붉게 물든 마르마라해를 뒤로 하고 길거리로 나왔다. 따뜻한 터키식 차는 감기몸살에 확실히 도움이 되는 기분이 들었다. 차 한 잔, 커피 한 잔, 다시 차 한 잔… 목구멍이 건조해지지 않도록 뜨거운 액

체를 계속 보급했다.

그런데 아까전부터 홀로 앉아서 차를 홀짝이고 있는 나에게 관심을 갖는 존재가 있었다. 바로 고양이. 대부분의 고양이들은 길바닥에 널린 집사들에게 별 관심이 없어 보였지만 가끔 랜덤하게 나를 간택해 주는 고양이가 있었다. 복슬복슬한 고양이 한 마리가 내게 다가와 털을 부볐다. 덕분에 몸살기운까지도 좀 나아지는 것 같았다. 스스로를 강경 강아지파라고 생각했는데 귀여운 고양이 덕분에 취향이 바뀌는 것도 같았다.

물론 고양이뿐 아니라 이스탄불에는 개도 만만치 않게 많다. 그런데 이놈의 개들은 하나같이 다들 퍼져있었다. 이스탄불의 개들은 꼭 할머니의 사랑을 많이 받은 시골 누렁이 같았는데 덩치가 엄청 컸다. 그래서인지 더 맹하고 바보같아 보였다. 맹한 강아지들은 잠만잤다. 글쎄 무더운 한여름에 낮잠을 잘 수도 있지. 그런데 하나같이 모든 개들이 낮잠을 자고 있는 풍경은 기상천외했다. 같은 시간에 고양이들은 다 깨어있었기 때문이다. 해가 지고 있는데도 아랑곳없이 잠만 자는 개들을 보고는 개팔자가 상팔자라는 말이 저절로 떠올랐다. 급할 것도 없고 걱정될 것도 없으니 한없이 평화로워보였다. 어이없게 퍼져있는 강아지들을 보다보면 왜인지 마음이 편안해졌다. 아 역시 나는 강아지파였던걸까.

Ep.5

포격의 상흔 위로 핀 꽃

 사라예보에 가고 싶다는 생각을 하게 된 것은 한 교양수업 때문이었다.

 수업 시간을 통해 자세히 알게 된 스레브레니차 집단 학살과 4년 가까이 이어진 사라예보 포위전은 불과 30여 년전에 일어났던 일이다. 아직도 사라예보 건물 곳곳에는 탄환 자국이 고스란히 남아있었다. 마치 몇 주 전에 끝난 전쟁인 것처럼 기억은 생생하게 도시의 윤곽을 따라 숨쉬고 있었다. 밤늦게 도착한 우리를 시내까지 데려다주신 젊은 기사님은 유년시절에 사라예보 포위전을 겪었다고 했다. 밤낮없이 총알이 날아들고 이웃들이 서로를 향해 총구를 들이밀던 시절. 그 시간을 살아낸 사람들은 여전히 이곳에 있었다.

 "웰컴 투 사라예보"

 먼저 여행객에게 말을 걸어오는 사람들을 경계한다. 십중팔구 목적이 있기 때문이다. 배낭을 메고 두리번거리는 동양인은 딱 좋은 타겟이었다. "칭챙총"하고 시비를 걸거나, 바가지를 씌우거나 아니면 소매치기를 한다거나. 알고 보니 사진 찍어달라는 부탁이었다면 양반이다.

하지만 내가 만난 사라예보 사람들은 하나같이 목적없이 다가왔다.

"뭐 찾는 거 있어요?"

"미팅 포인트가 혹시 뭔지 알아요?"

"저 동상이 무슨 동상인지 알아요?"

유심카드를 어디서 살 수 있는지 먼저 다가와 알려주고 간 사람. 미팅 포인트를 경계로 건물양식이 어떻게 다른지 설명을 해주고는 갈 길을 떠난 할머니. 니콜라 테슬라의 동상에 대해 설명하고는 하이파이브를 하고 쿨하게 떠난 아주머니. 어쩌다 사라예보까지 올 생각을 했냐면서 "웰컴"하고 반겨 준 카페 사장님까지. 먼저 다가와 대가없는 도움을 주고 떠나는 그들을 보면서 마음속에 걸어두었던 커다란 빗장이 녹아내렸다. 반갑게 여행자를 맞는 사라예보 사람들은 꼭 전쟁이나 슬픔 따위와는 거리가 먼, 항상 좋은 일만 겪은 사람들 같았다.

시내를 걷다보면 종종 붉은 물감으로 색칠된 포탄자국을 볼 수 있다. 바로 '사라예보의 장미'. 많은 사람들이 희생된 자리 위에 색칠된 붉은 자국이다. 희생자들을 기억하고 추모하기 위해 그려진 꽃이라고 했다.

바로 며칠 전까지도 일상을 나누며 사이좋게 지내던 이웃들은 서로를 향해 총부리를 겨누어야만했다. 치열한 시가전을 벌이던 사람들이 협정이 승인 뒤에는 한데 모여 담배를 피웠다는 이야기가 그렇게 씁쓸하게 들릴 수가 없었다. 영화 〈고지전〉의 한 장면이 떠올랐다. 방금 전까지만해도 서로를 죽이기 위해서 달려들었던 두 사람은 전쟁을 멈추라는 무전을 들으며 허탈하게 웃는다.

보스니아계 사람들과 세르비아계 사람들은 슬라브족으로 민족과 언어가 모두 같은 사람들이었다. 그들을 구분 짓는 것이 있다면 바로 종교였다. 보스니아 사람들은 무슬림이었고 세르비아 사람들은 정교를 따랐다. 다른 점보다는 같은 점이 더 많은 사람들이었지만 끝내 그들은 적이 되어야만 했다.

오늘 날에는 보스니아 헤르체고비나 내 보스니아 사람들과 세르비아 사람들의 거주 구역이 완전히 분리되었다고 한다. 그래서 사라예보도 예루살렘처럼 서쪽과 동쪽으로 나누어져 있었다. 서쪽의 사라예보는 보스니아 사람들이 살고 있는 '보스니아 헤르체고비나 연방'의 땅이었고, 동쪽의 동사라예보는 세르비아계 사람들이 살고 있는 '스릅스카 공화국'의 땅이었다. 세르비아와 가까운 곳으로 가면 실험적으로 내전 이전처럼 같이 사는 공동거주구역도 존재한다고 들었다.

이들이 오랜시간 평화롭게 잘 살아갈 수 있기를 기도한다.

Ep.6

말러의 음악은 여전히 따뜻하다.

 중학교 3학년 때 지적이고 고상한 취향을 가진 친구와 가깝게 지냈다. 그 친구를 통해서 작곡가나 지휘자를 새롭게 하나둘 알아가곤 했는데 그렇게 알게된 작곡가 중 하나가 구스타프 말러였다. 베토벤, 브람스까지는 들어봤는데 말러가 누구라고? 생소하고 낯선 이름이었다.
 한동안 말러의 음악에 빠져지냈다. 그의 음악은 어딘가 모가 난 것 같았다. 선율은 예상치 못한 방향으로 흘러가곤 했고 불안한 소리를 내는 흔들의자처럼 음악이 삐꺼덕거리는 기분이었다. 하지만 듣다보니 그게 그만의 매력이었다. 평범하고 흔해빠진 음악은 싫었기 때문에 독특한 감성의 말러가 금세 좋아졌다. 유독 교향곡 6번을 아껴듣곤 했는데 바로 알마의 선율(Alma's Theme)이라고 불리는 따뜻한 2주제 때문이었다. 특별히 '비극적'이라는 부제가 붙을 정도로 가라앉은 분위기로 시작되는데 어느 순간 한 줄기 햇살처럼 어둠을 뚫고 나오는 알마의 선율은 특별하게 느껴졌다. 그 선율에 이름까지 붙어있다는 것을 알게 되었을 때는 도대체 알마라는 사람이 누굴까 궁금해서 근질거림을 참을 수 없었다. 알고보니 알마는 말러의 부인이었다. 이토록 따스한 선율을 닮은 사람이라면 얼마나 부드러운 성품을 갖고 있었을까. 말러와 알마는 달달한 잉꼬부부가 아니었을까. 그렇게 혼자 상상해 보았다.

하지만 추억은 레오폴트 미술관에 전시된 기괴한 인형 앞에서 산산조각 나버렸다. 흡사 리얼돌 같은 인형의 모델이 바로 알마 말러였기 때문이다. 도대체 알마 말러에게 무슨 일이 있었던 것일까? 알마 말러는 어떤 사람이었던걸까? 알고보니 말러와 알마의 결혼생활은 결코 행복하지 않았다고 한다. 그들의 관계는 행복보다는 오히려 불행에 한 발자국 더 가까웠던 것이다. 말러는 음악 작업에만 열중하느라 알마를 제대로 신경쓰지 않았고 알마는 그런 말러를 내버려두고 계속해서 바람을 피웠다. 알마와 사랑을 나눈 상대들도 하나같이 범상치 않은 사람들이었다. '키스'를 그린 클림트는 알마의 첫키스 상대였고 말러를 두고 바람을 핀 상대는 훗날 '바우하우스'를 설립하게 되는 건축가 그로피우스였다. 결국 말러 사후에 알마는 그로피우스와 재혼을 하게 된다. 하지만 그로피우스도 알마의 영원한 사랑이 될 수는 없었다. 또다시 외도를 한 알마는 그로피우스와도 이별한

다. 알마는 한 사람에 정착하지 못하고 계속해서 새로운 사람들과의 관계를 만들었다. 코코슈카도 그렇게 알마가 사랑을 나누었던 사람 중 하나였다. 그리고 어쩌면 그는 알마가 만났던 사람 중에 가장 독특한 개성을 갖고 있던 사람, 바로 그 문제의 인형을 만든 화가였다.

"코코슈카가 누구지?"

비엔나에 오기전까지 코코슈카라는 이름은 한번도 들어본적 없었다. 그런데 레오폴트 미술관에 전시되어 있는 기괴한 인형을 보고 그 이름이 머릿속에 완벽히 각인되었다. 코코슈카. 그는 알마를 광적으로 사랑한 젊은 예술가였다. 인형은 알마에게 실연당한 코코슈카가 그녀와 똑같이 생기도록 주문제작한 것이었다. 그것도 크기까지 실물과 같은 인형을. 그는 인형의 입 안에는 이빨과 혀가 달려있는지까

지 물어볼 정도로 집착적이었다. 하지만 그렇게 완성된 알마 인형은 누가보기에도 기괴했다. 코코슈카 본인 조차도 인형을 확인하고 실망했다고 한다.

"이건 그냥 털많은 북극곰이잖아?"

불쾌한 골짜기(uncanny valley)라는 단어가 마침 떠올랐다. 알마를 본따 최대한 비슷하게 만들었지만 그렇다고 완전히 닮은 것은 아닌 인형. 닮다 말아서 오히려 더 기괴해진 것만 같았다. 아무튼 코코슈카는 인형을 진짜 연인처럼 데리고 다녔던 모양이다. 극장을 갈때도 카페에 갈때도 인형과 함께였다. 하지만 가짜 알마와의 동거는 영원하지 않았다. 끝내 그는 인형을 파괴한다. 인형의 목을 자르고 와인을 뿌려 마치 사람이 피를 흘리는 것처럼 보이게 만든 것이다. 인형을 파괴함으로써 그는 알마를 향한 집착적인 마음으로부터 해방되었다.

말러의 음악을 듣고 상상했던 다정한 알마의 모습은 스펙터클한 그의 연애사를 듣고 산산조각 나버렸다. 하지만 괜찮다. 알마가 실제로 어떤 사람이었든 간에 코코슈카가 만든 인형이 얼마나 기괴하든 간에 알마의 선율은 여전히 내게 부드럽고 따뜻하게 다가온다. 알고보면 깨는 것도 있지만 알고봐도 괜찮은 것도 있는법.

Ep.7

프라하에서 가장 싼 도미토리

 프라하에 도착하자마자 어이없이 벌금을 뜯기는 일이 있었다. 마음 아픈일이라 최대한 간략히 얘기하자면 그래. 기차티켓을 잘못 끊었다. 그리고 하필이면 프라하에서 처음으로 탄 열차 안에서 검표원을 만났다. 알면서 일부로 싼 티켓을 끊은 것도 아니고 며칠 잠깐 머무르다가 떠나가는 여행객일 뿐인데 그럼에도 검표원은 인정사정없이 나를 추궁했다. 얼떨결에 당황해서 거액의 벌금을 내버렸다. 어떻게든 빌어봐야 했지만 너무도 순순히 벌금을 물었다. 와사비 세 순갈만큼의 충격을 맛본 나는 얼이 빠진채로 '프라하에서 가장 싼 도미토리 숙소'를 알아봤다. 그리고 바로 예약했다.
 값이 저렴한 데는 그만한 이유가 있었다. 입구를 어딘지 알 수 없었던거다. 물론 호텔에 전화도 해봤다. 그런데 연결이 되지 않았다.
 '이거 싼 숙소 찾다가 사기 당한거 아니야?'

190

벌금과 사기까지 이연타를 내리 맞을 수는 없었다. 구글맵에 표시된 숙소건물 주변을 이 잡듯이 뒤졌다. 그 모습이 수상해 보였던건지 거구의 금발 남성이 긴 머리를 찰랑찰랑 흔들며 나에게로 다가왔다.

"혹시… 호스텔 찾고 계신거예요?"

덴마크에서 배낭여행을 왔다는 남자도 같은 숙소에 머무르고 있다고 했다. 그는 나를 데리고 낡은 건물계단을 올라 그 누구도 호텔이라고 상상할 수 없는 현관문을 열었다. 그곳 안에 내가 찾던 호스텔이 있었다. 샴푸도 수건도 바디워시도 아무것도 없는 프라하에서 가장 저렴한 도미토리. 안 그래도 도착하자마자 벌금을 뜯긴 나는 더 이상 나빠질 기분도 없었다. 그래도 뭐, 어디 다친데 하나 없이 하루를 잘 마무리했다는 것에 감사한 마음을 갖자고 생각했다. 행복은 마음가짐의 문제기 때문이다.

벌금? 샴푸 없는 호스텔? 문제 될 것은 없다. 밤에 잠만 푹 자면 된다. 그렇게 삐걱거리는 이층침대 아래에 몸을 뉘이고 이불을 뒤집어썼다. 상쾌한 내일을 기약하면서. 그런데 꿀잠자는 것도 실패했다. 술에 쩔어서 코를 무지막지하게 골아대는 브라질 사람 덕에 찌뿌둥한 아침을 맞이해야만 했다. 그나마 짐승소리가 나는 이층 침대 바로 밑에는 성깔있는 폴란드 아저씨가 누워있었는데 코골이가 심해질때면 한번씩 침대를 발로 찼다. 덕분에 드문드문 소리가 잦아들었다. 아침이 되자 폴란드 형님과 나는 눈빛만 봐도 서로의 마음을 다 알 수 있는 동지가 되어있었다. 형님은 체코식 굴라쉬가 맛있다며 꼭 한 번 먹어보라고 추천까지 해줬다. 우쯔라는 도시에서 야간 버스타고 프라하까지 온 것도 바로 그 굴라쉬 때문이라나.

 폴란드형님 말을 듣고 프라하의 펍에 홀로 앉아 근사한 체코식 굴라쉬를 시켜 먹었다. 흑맥주 한잔과 함께 굴라쉬를 먹으니 참 맛나더라. 덕분에 프라하를 더 깊게 알아갈 수 있게 되었다. 엉망진창 하나도 계획대로 흘러가지 않았지만 흑맥주 한 모금에 모든 피로가 풀리는 기분이었다.

 (체코 친구들이 흑맥주는 나이든 사람만 먹는거라며 놀리는 바람에 다시 살짝 피곤해지긴 했지만, 아무튼 프라하에서 혼자 보낸 시간은 무척 즐거웠다.)

Ep.8

작전명 : 플라밍고를 찾아라!

"아를에 머무는 동안 생 마리 드 라 메흐(Saintes-Maries-de-la-mer)는 혹시 안 다녀오시나요?"

에어비앤비 호스트 아저씨께서 지나가면서 툭 물어보셨다. 그 발음하기조차 어려운 바닷가 마을에 도대체 뭐가 있나 싶었는데, 바로 플라밍고가 있다고 했다. 안달루시아의 정열의 춤 플라멩코말고 몸이 분홍빛으로 가득 물든 홍학, '플라밍고' 말이다.

원래는 고흐가 1년간 머물렀던 생헤미 요양원에 가볼 생각이었지만 아저씨의 말씀을 듣고 계획을 급변경했다.

"좋아. 그러면 플라밍고를 보러 한번 가보자!"

생 마리 드 라 메흐에 가는 목적은 처음부터 끝까지 단 하나였다. 바로 플라밍고를 보는 것. 급조된 일정이라 계획 같은 것도 없었다. 어딜 가야 플라밍고를 볼 수 있고 거기까지 걸어서 갈지 자전거를 탈지 알고 있는 것도 없었다. 무작정

생 마리 드 라 메흐로 가는 버스를 탔을 뿐이다. 버스에서 내리자마자 눈 앞에 보이는 편의점에 들어가서 물어봤다.

"혹시 어디를 가면 플라밍고를 볼 수 있는지 아시나요?"

그러자 사장님께서 저~쪽 호수 쪽으로 가면 플라밍고가 있을 수도 있다고 말씀하셨다. 구글 맵을 켜놓고 대충 어디로 가면 될지 파악을 한 다음에 무작정 그쪽 방향으로 걸어가기 시작했다. 자전거를 타고 가는 사람도 있었는데 아무 계획 없이 왔으므로 자전거를 어디서 얼마에 빌릴 수 있는지도 몰랐다. 조금만 걸어가다 보면 플라밍고가 나올 거라고 생각하고 그냥 걸었다. 하지만 꽤 오랫동안 걸었는데도 플라밍고의 플자도 보이지 않았고 뭔가 이상한 길로 가고 있다는 생각만 들었다. 심지어 더웠다. 불행 중 다행으로 고흐가 그림으로 남겼던 남부 프랑스의 바다가 한 편의 수채화처럼 눈에 들어왔다. 곧이어 자전거를 타고 지나가는 사람들이 보이길래 말을 붙였다.

"혹시 어디서 플라밍고를 볼 수 있는지 아시나요?"

지나오면서 플라밍고를 보기는 봤는데 딱 한 마리만 있었다고 했다. 덧붙여 제대로 플라밍고 무리를 보려면 국립공원에 가야 한다고 그는 말했다. 자전거를 타고 한 10분 정도 거리에 있다나. 아마 이때부터 오늘 플라밍고를 볼 수 있겠다는 마음을 접었던 것 같다. 자전거를 타고 10분이면 걸어서도 20분은 가야 할 텐데, 땡볕에 그렇게 걸어가서 플라

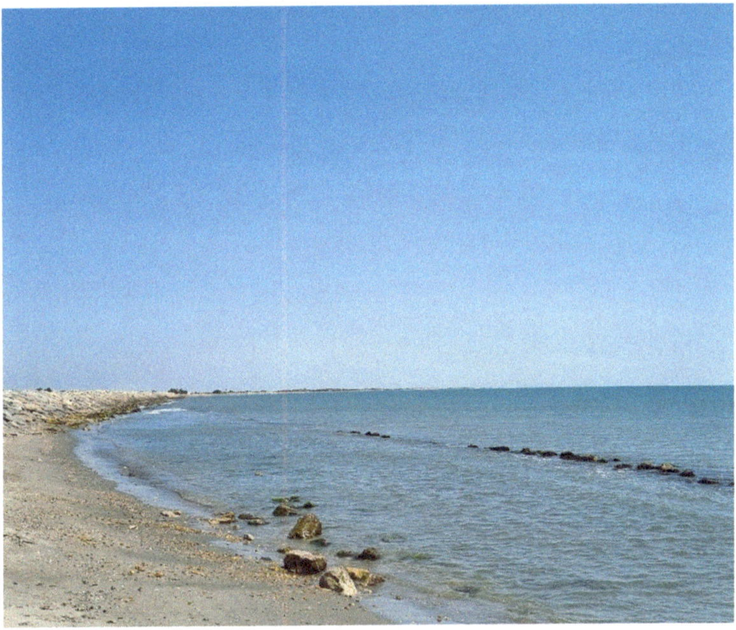

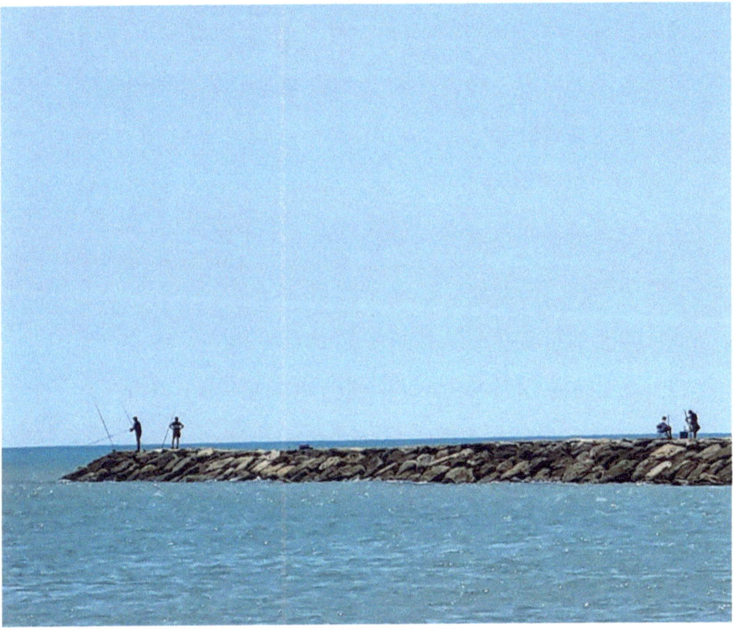

밍고 한 마리를 볼 마음은 없었기 때문이다. 이미 지칠 때로 지쳐있었다. 아랍 상인들마냥 옷을 머리에 두르고 햇볕을 막아보았지만 여전히 부푼 식빵이 되어가는 것마냥 뜨거웠다. 물은 동나고 있었다.

넋이 나간채로 처음의 편의점으로 돌아왔다. 그 안에는 기념품으로 플라밍고 인형이 걸려 있었다. 도대체 인형은 이렇게나 많이 걸려 있는데 진짜 플라밍고는 어디에 숨어있었던 걸까. 땡볕에 플라밍고를 보겠다고 반나절 걷다가 돌아와서는 허탈함에 웃음만 나왔다.

그런데 웬걸, 이번엔 아를로 돌아가는 버스가 오지 않았다. 80년대 영화의 한 장면에서 불쑥 튀어나온 것만 같은 시골 프랑스 꼬맹이들이 와서 뭐라 뭐라고 말을 건네주긴 했지만 그게 무슨 말인지를 알아듣지 못했다. 알고 보니 꼬맹이들은 우리에게 도움을 주려고 했던 모양이다. 일시적으로 정류장이 폐쇄된 탓에 몇 백 미터를 이동해야 했던 것. 그렇게 플라밍고도 보지 못하고, 버스도 놓치고, 버스 정류장에 앉아서 한참을 기다리며 허탈한 웃음을 지었다.

'정말 젊은 것 같다.'

이렇게 계획없이 무모한 하루를 보낼 수 있는 것도 참 젊은이스럽다는 생각이 들었다. 때론 목적도 없이 배회하고 때론 목적은 있지만 제대로 된 계획이 없이 헤매고…

원하는 바를 이룰 수 있다면 정말 좋겠지만 꼭 그렇지 않더라도 나름 괜찮다는 생각이 들었다. 뭐라도 일단 해보았으니깐 그걸로 충분한 것 아닐까? 만일 처음부터 플라밍고를 보기 위한 정확한 계획이 있었다면 어땠을까. 어떻게든 플라밍고를 볼 수는 있었겠지만 이토록 어이없으면서도 독특한 하루는 보내지 못했을 것이다. 플라밍고만큼이나 소중한 것은 플라밍고를 찾아 떠나는 무모한 여정이 아니었을까.

publisher　　instagram

스웨덴에서 보낸 여름

초판 발행 2025년 5월 30일
지은이 김승래
펴낸이 최대석　**펴낸곳** 행복우물　**출판등록** 307-2007-14호
등록일 2006년 10월 27일
주소 a1. 서울특별시 종로구 종로1길 50 더케이트윈타워 B동 위워크 2층
　　　a2. 경기도 가평군 경반안로 115
전화 031-581-0491　**팩스** 031-581-0492
전자우편 book@happypress.co.kr
정가 17,000원　**ISBN** 979-11-94192-32-9(03890)